L'ENFER OU LE PARADIS ?

L'auteur

Jacques Lindecker a 44 ans. Il a été instituteur, conseiller d'orientation, journaliste et écrivain. Alsacien, il a quitté sa terre natale pour Paris, puis la villa Médicis, à Rome, avant de regagner son village, où il vit aujourd'hui. Il est le père de deux petits garçons. Il n'en est pas à son coup d'essai en ce qui concerne le foot et la littérature. Son texte *Mort subite au stade* (Lune Noire, Nathan), qui se déroule dans le milieu du foot, a remporté un grand succès. Il écrit également pour les adultes (Belfond, Verticales).

Vous êtes nombreux à nous écrire
et vous aimez les livres de la série

GAGNE!

Adressez votre courrier à :
Pocket Jeunesse, 12, avenue d'Italie, 75013 Paris.
Nous transmettrons vos lettres à l'auteur,
qui vous répondra.

GAGNE !

Jacques Lindecker

L'enfer ou le paradis ?

POCKET
jeunesse

Loi n° 49 956 du 16 juillet 1949 sur les publications destinées
à la jeunesse : décembre 2004.

ISBN 2-266-14743-9

Gagner, marquer des buts,
espérer, travailler, rêver...
c'est tout ça, le foot. Et plus encore.

Tu es partant ?
Alors accompagne Martin
sur le terrain
et partage avec lui ses tracas
et ses grandes joies.

1
Une nouvelle renversante

Enfin... Enfin, ma mère avait accepté que j'invite un copain à la maison pour le week-end ! Fabrice était l'heureux élu. Normal : j'étais déjà allé deux fois chez lui. Sa famille m'avait accueilli à bras ouverts. On s'était amusés comme des fous. Il était grand temps que je lui rende la politesse.

Trois ans que j'attendais ce moment. Je m'en réjouissais tant ! On allait s'en donner à cœur joie. Je voulais lui présenter mes copains du village, l'emmener dans les coins les plus secrets de la forêt derrière chez moi, m'éclater avec lui en VTT... Mille et un projets... et, au final, un pétard mouillé. On aurait cru que le monde entier s'était ligué contre moi. Pas moyen d'arracher un sourire à ma mère. Elle semblait même encore plus triste que d'habitude. Il faut dire que dès qu'un footballeur nous rend visite, elle pense à papa. Thomas, mon jeune frère, en rajoutait dans son numéro de petite peste. In-su-ppor-ta-ble ! Quant à mes copains, ils se sont comportés comme des mufles, réservant à Fabrice la plus odieuse des réceptions :

— Alors, la star, pas trop la grosse tête ? a lancé Kévin.

— Tu acceptes encore de parler à des gars comme nous ? a renchéri Jérémie.

Tout ça parce qu'un journal avait consacré un article à Fabrice. Lui, le défenseur clé du centre de formation du Racing Club Montfarny, avait été approché par Manchester United, le célèbre club anglais. Le transfert n'était pas signé, mais n'empêche, la nouvelle avait fait du bruit.

Il faut avouer que, notre séjour à La Charmille touchant à sa fin, le téléphone n'arrêtait plus de sonner dans le bureau de monsieur Raymond, notre directeur, ou de

Sandrine, sa secrétaire. Un jour, c'était pour Nadir ; le lendemain pour Gus ; de quoi nous donner le vertige. Nous ne pouvions plus nous montrer dans un stade sans que les tribunes soient envahies d'espions à la solde d'autres clubs ou d'agents recruteurs.

Quant à moi, le désert. Pas l'ombre d'une proposition. Même si j'étais heureux pour mes partenaires, ce silence commençait à m'angoisser sérieux. Et si je ne dénichais pas de club pour l'année prochaine ? Si tous ces mois d'efforts et de sueur n'avaient servi à rien ?

Le coach, à qui je m'étais confié, s'était efforcé de me rassurer :

— Pas de panique, Martin. Ta situation n'a rien d'anormal. Les meneurs de jeu dans ton genre ont toujours du mal à trouver preneur. C'est un poste qui exige beaucoup d'expérience, d'autorité. Les débutants doivent jouer des coudes pour gagner leur place au soleil. Patience, Martin. Avec ton talent, tu ne vas pas rester longtemps sur la touche.

J'avais bredouillé deux, trois mots de remerciements et tenté de me convaincre que monsieur Raymond avait raison. Après tout, il en savait davantage sur le monde du football que n'importe qui. Mais la méthode Coué ne marchait pas. J'avais l'estomac noué, la peur au ventre, l'impression d'être abandonné.

Autant dire que le week-end avec Fabrice tombait à pic. L'idéal pour me changer les idées, pour me détendre. Hélas, cette parenthèse idyllique tournait au fiasco.

Je me suis fâché tout rouge avec Kévin et Jérémie :

— Ça va, les minables ? Vous n'avez rien de mieux à faire que d'être jaloux ?

Jérémie a ricané :

— Nous, jaloux ? Et de quoi, mon cher Martin ? De tous les contrats que les clubs les plus prestigieux de la planète te supplient de signer ?

Pan ! En plein dans le mille. J'avais eu la faiblesse de déballer mes soucis à Jérémie et voilà qu'il se servait de mes confidences pour m'humilier. J'étais blessé, écœuré.

Fabrice a volé à mon secours :

— Martin, c'est ça, tes amis ? Ceux dont tu ne cessais de me chanter les louanges ?

À son tour, Fabrice avait fait mouche. En une seule phrase, il venait de renverser la vapeur. Jérémie et Kévin ne se moquaient plus. Bien au contraire, c'était plutôt la honte qui se lisait sur leur visage.

L'ambiance était au point mort quand Sarah a débarqué. Une bombe à rollers !

— Eh ben ! s'est-elle écriée. Vous en faites, une tête !

D'un coup, les yeux de Fabrice se sont illuminés. Il s'est quasiment jeté sur ma copine :

— Sarah ! Quelle joie de te revoir !

Combien de bises ont-ils échangées ? Impossible de compter. Jérémie et Kévin n'en perdaient pas une miette, complètement largués. Sarah était d'ordinaire une véritable tornade, toutes griffes dehors. Un garçon manqué, d'après ses parents. Et là, soudain, avec cet inconnu, elle devenait tout sucre, tout miel.

Ils ne pouvaient pas comprendre, en effet. Ils ignoraient quelles aventures Sarah et

Fabrice avaient vécues ensemble. Avec moi, aussi. Ou, plutôt, à cause de moi. En première année à La Charmille, alertée par une lettre où je lui racontais mes déboires avec l'affreux Gus, elle avait décidé de voler à mon secours. Elle avait débarqué au Centre sans crier gare, en passagère clandestine, pour faire le ménage... à sa façon. Nous avions dû la cacher, la calmer, la canaliser. Elle m'avait filé un sacré coup de main, mais, en même temps, elle m'avait fichu la trouille de ma vie. Si elle s'était fait attraper par monsieur Raymond, j'aurais été viré aussi sec.

Aujourd'hui, ces événements appartenaient plutôt aux souvenirs agréables. Souvent, j'en reparlais avec mes camarades. J'arrivais même à en rire avec Gus. C'est dire...

Si le bonheur de Fabrice faisait plaisir à voir, il était visiblement partagé par Sarah. À croire qu'elle gardait une petite place dans son cœur pour mon copain. Voilà qui me redonnait le moral : mon week-end pourri reprenait des couleurs.

J'ai aussitôt sauté sur l'occasion :

— Sarah, tu veux bien nous accompagner chez moi ?

— Pour quoi faire ?

Panique à bord... Vite, je devais trouver une réponse, n'importe laquelle.

— Euh, je sais pas... On pourrait s'écouter de la zique cool, ma mère nous préparera des crêpes.

— Avec du Nutella ?

— Évidemment ! Quelle question !

— Marché conclu, alors... À une condition.

— Tout ce que tu voudras.

— Que vous ne parliez pas de foot.

— T'en as de bonnes, toi ! C'est toute notre vie.

— Je m'en fiche, débrouillez-vous.

Avec Sarah, on vole de surprise en surprise. On ne sait jamais à l'avance ce qui va sortir de sa bouche. Mais c'est aussi pour ça qu'on l'aime. Elle ne ressemble à personne.

J'ai échangé un rapide coup d'œil avec Fabrice. Un coup d'œil complice. Il pensait comme moi : il était prêt à promettre la lune à Sarah pourvu qu'elle accepte de nous suivre.

Sarah, c'est notre fée Clochette. Partout où elle passe, elle répand une poudre magique qui rend les gens heureux. En ouvrant la porte et en la découvrant sur le seuil, ma mère a été illuminée par un rayon de soleil. Il fallait le voir pour le croire.

— Sarah ! s'est-elle exclamée. Tu es encore plus jolie que la dernière fois. Tu deviens une vraie jeune fille.

Sarah a légèrement rougi et baissé le regard avec modestie. Elle en faisait un peu trop, mais ma mère n'y a vu que du feu. Un ange est passé... puis Thomas, fidèle à sa réputation d'enquiquineur, a rompu le charme en hurlant :

— Martin ! Téléphone !

Un appel pour moi ? Qui cela pouvait-il bien être ?

À l'autre bout du fil, une voix inconnue. Un homme, au fort accent étranger, du genre espion russe dans les films.

— Bonjour, tu es Martin Leroy ?

Sans me connaître, il me tutoyait. Je

n'appréciais pas des masses. Mais j'ai préféré ne pas protester.

— Oui. Et vous ?

— Piotr Szczaminski.

— Qui ?

— Tu n'as jamais entendu parler de moi ?

Si, ce nom m'évoquait vaguement quelque chose. Très vaguement. Impossible de le situer avec exactitude.

— Non. Enfin, si, peut-être... Comment vous avez eu mon numéro de téléphone ?

— Rassure-toi. Par monsieur Raymond.

Mon cœur s'est mis à battre. Jamais le coach n'aurait fait ça sans une raison sérieuse. Très sérieuse. J'ai failli mordre le combiné :

— Qu'est-ce que vous me voulez ?

— J'avais une grande nouvelle à t'annoncer.

— ...

— Comme tu le sais sans doute, je suis l'agent de grands joueurs. L'un des plus connus, oserai-je ajouter. Je travaille en France, en Angleterre, en Italie, en Espagne.

J'étais sur le gril. Je tremblais de nervosité.

La bouche sèche, je ne parvenais plus à sortir le moindre son.

— Allô... allô... tu es encore là ? s'est inquiété Piotr Machin-chose.

J'ai articulé avec difficulté :

— Euh... oui...

— À la bonne heure ! Voilà. J'ai eu l'occasion de t'observer. Ton jeu m'a séduit. J'en ai parlé autour de moi. Et...

Et ?

— Et ce matin, les responsables de l'un des meilleurs clubs italiens m'ont appelé. Ils aimeraient beaucoup que tu fasses un test de quelques jours chez eux.

Là, mon cœur a menacé d'exploser, de bondir hors de ma poitrine. Je me suis agrippé au téléphone comme à une bouée de sauvetage. Ma mère, qui passait près de moi, s'est mise à crier :

— Mon Dieu, Martin, qu'est-ce qui t'arrive ? Tu es tout pâle.

J'aurais voulu lui répondre de ne pas s'angoisser, que j'étais le garçon le plus heureux du monde, mais je n'en ai pas eu le temps.

Je venais de m'évanouir.

2
Patience, patience

Quand j'ai repris mes esprits, j'étais allongé sur le canapé du salon. Plusieurs visages étaient penchés sur moi. Les traits crispés par l'anxiété. Même mon petit frère avait la mine grave.

— Martin ? a murmuré ma mère. C'est moi, ta maman.

Elle me parlait comme à un bébé. J'imaginais son état. Je lui rappelais des souvenirs terribles. Papa aussi était tombé dans les pommes. Pendant un match de foot. Sous nos yeux. Et il ne s'était jamais réveillé. Mort, foudroyé par une crise cardiaque.

— Tu me reconnais ? a enchaîné Fabrice.

Incroyable ! Il pensait que j'étais devenu idiot. Ou amnésique. Qu'est-ce qu'il se figurait ? J'avais seulement l'impression d'émerger au ralenti d'un rêve très profond.

Dieu merci, Sarah gardait son calme.

— Pas de panique ! Je suis sûre et certaine que Martin va très bien. Aussi bien que vous et moi. N'est-ce pas, Martin ?

Oui, oui, oui ! Mon cerveau répondait oui, mais pas le moindre son ne sortait de ma bouche.

— C'est affreux ! s'est écriée maman. Il ne réagit plus. Tu vois, Sarah, c'est beaucoup plus grave que tu ne penses. Il lui faut un docteur. Thomas, va me chercher le téléphone !

— Le téléphone ? a rigolé mon frère. Mais il est là, dans ma main.

Le téléphone. À ce mot, mon corps s'est remis à fonctionner. Je me suis redressé en hurlant :

— LE TÉLÉPHONE !!!

Ce n'était pas tant l'appareil qui m'intéressait que la voix avec laquelle je discutais avant de tourner de l'œil. La voix de Piotr

Szczaminski. Et sa fabuleuse proposition : l'Italie. J'ai arraché le combiné à Thomas, je l'ai collé à mon oreille en vociférant :

— ALLÔ ! ALLÔ !

Cause toujours ! Il n'y avait plus personne à l'autre bout du fil. M. Szczaminski avait raccroché depuis belle lurette. Il avait dû être refroidi par mon accueil. Par mon silence. Quelle idée de s'évanouir ! Quel imbécile j'avais été !

Je me suis mis à pleurnicher :

— J'ai laissé passer ma chance ! La chance de ma vie.

— Qu'est-ce que tu racontes ? m'a interrogé Fabrice.

— Szczaminski.

— Qui ? Le célèbre recruteur de joueurs ? Que vient-il faire ici ?

— C'est lui qui appelait. Pour une place en Italie. Tu t'imagines, une occasion pareille ? Je n'ai même pas son numéro. Rien.

— Ça... Je ne suis pas plus avancé que toi... On pourrait peut-être demander à monsieur Raymond...

Nous avons été interrompus par Thomas :

— C'est ça que vous cherchez, les clowns ? Il ne fallait pas être sorcier pour deviner ce que mon petit frère, la mine plus narquoise que jamais, agitait sous mon nez. Les coordonnées de Szczaminski.

— Comment as-tu obtenu ça ?

— Grâce à Super-Thomas, bien sûr ! Quand tu es tombé dans les pommes, je me suis précipité sur le téléphone... et j'ai terminé la conversation à ta place. Le monsieur a dit que tu pouvais le joindre quand tu voulais. Vingt-quatre heures sur vingt-quatre.

— Ben... Merci beaucoup... Je te dois une fière chandelle.

Mais Thomas était conscient de posséder un trésor :

— Pas si vite ! Ce serait trop facile... Tu comptes me donner quoi, en échange ?

— Thomas ! s'est exclamée maman. Tu ne vas pas te disputer avec Martin ! Il vient d'avoir une syncope !

— Je vais me gêner ! Pour une fois que je tiens ma revanche. Lui, il ne se prive pas de fouiller dans mes affaires, de me voler mes jeux et mes bonbons. Et, si je râle, il menace de me taper.

Maman s'est tournée vers moi :

— C'est vrai, Martin ?

Ô combien... mais plutôt me faire hacher menu que de l'avouer. J'ai pris mon air le plus indigné possible :

— Quoi ? ! Ne me dis pas que tu crois ce menteur professionnel ! Il invente, ça se voit comme le nez au milieu de la figure.

— Menteur, moi ? Répète un peu si tu oses !

Toutes griffes dehors, Thomas a voulu se jeter sur moi. Pour m'être souvent battu avec lui, je savais qu'il ne se contrôlait plus quand il était en colère. Il pouvait faire mal, ce nain ! Heureusement, trois paires de bras l'ont retenu. Thomas en bavait de rage :

— C'est toujours pareil ! Il n'y en a que pour lui ! Martin par-ci, Martin par-là. Lâchez-moi ! Je ne veux plus vous voir.

Sarah, Fabrice et ma mère l'ont laissé partir. Il a filé sans demander son reste, claquant si fort la porte du salon que j'ai eu l'impression qu'elle allait sortir de ses gonds.

Maman était aux cent coups :

— J'en ai assez de vous deux ! Assez ! Assez ! Assez ! Quand vous déciderez-vous à devenir raisonnables ? Martin, tu es l'aîné, tu dois montrer l'exemple.

Pauvre maman... Alors que j'étais sur le point de passer professionnel, je lui causais encore tant de souci. Je m'en voulais, mais pas au point de lui demander pardon, ou de changer d'attitude à l'égard de Thomas.

Brusquement, Fabrice m'a sorti de ma rêverie :

— Regardez ce que je viens de dénicher !

Le papier de Thomas ! En partant, le petit monstre l'avait oublié. J'étais sauvé. À moi la belle vie ! Je l'ai quasiment arraché des mains de Fabrice et j'ai commencé à composer le numéro de Szczaminski. Fabrice ne l'entendait pas de cette oreille. Avec douceur mais fermeté, il m'a pris la main et l'a ôtée du combiné. Il voulait m'empêcher de téléphoner ! Je n'en revenais pas.

— Qu'est-ce qui te prend ? ai-je râlé. Je n'ai pas une minute à perdre.

— Écoute, Martin. Dans ce genre d'affaire, il ne faut jamais rien brusquer. C'est ton avenir qui est en jeu. Réfléchis avant de répondre.

— Réfléchir ? Pour quoi faire ? Tu en as de bonnes ! Toi, tu croules sous les propositions. Moi, c'est la première... et peut-être la dernière. Je ne vais pas la laisser filer.

— À mon avis, tu devrais d'abord en parler à monsieur Raymond. Il saura te conseiller.

— Et pendant ce temps-là, ne voyant rien venir de ma part, Szczaminski se tournera vers un autre... C'est cela que tu veux ?

Sarah a mis son grain de sel :

— Je ne connais pas grand-chose au foot, mais il me semble que Fabrice a raison. Si ce type t'a contacté, c'est qu'il croit en toi. Il doit être capable de patienter un jour ou deux.

Pourquoi pas... J'aurais pu demander son opinion à ma mère, mais j'ai préféré m'abstenir. Elle allait verser toutes les larmes de son corps dès que j'évoquerais l'Italie.

Imaginer son fils à des centaines et des centaines de kilomètres de chez elle. Un drame, à ses yeux.

Moi, j'étais prêt à traverser n'importe quelles frontières, n'importe quelles mers ou montagnes afin de réussir. Je n'avais pas sué sang et eau à La Charmille pour m'encroûter dans mon village. Partir ne me faisait pas peur. Pas dans n'importe quelles conditions, cependant.

— Bon, d'accord, ai-je admis. Je vais d'abord consulter monsieur Raymond. Dès lundi matin.

— Bravo ! s'est exclamé Fabrice.

Et, dans un bel élan, il a topé avec moi avant... d'embrasser Sarah. Elle s'est accrochée à lui, j'ai bien cru qu'ils n'allaient plus se séparer. Oui, vraiment, ces deux-là s'entendaient à merveille. Presque un peu trop à mon goût. Qu'ils soient amis me plaisait beaucoup. Mais amoureux, non. Une boule grondait dans mon ventre.

Que faire ? Exiger de Fabrice qu'il croise au large de Sarah ? Ordonner à Sarah de se calmer ? De quel droit ? Ils ne faisaient rien de mal. Et puis... je n'étais pas propriétaire de Sarah. Je n'étais même pas son petit ami. Je veux dire : je rêvais de l'être dans le secret de mon cœur. Mais personne n'en savait rien.

3
Coups de tonnerre

Je n'ai pas réussi à me détendre de tout le week-end. Entre l'appel de Szczaminski, les soupirs de ma mère, les coups fourrés de Thomas et les bisous, caresses, clins d'œil qu'échangeaient Sarah et Fabrice, j'ai bien cru devenir marteau. À croire qu'ils avaient signé un pacte pour me faire enrager.

Oh ! je n'en ai rien laissé paraître. J'ai joué au Martin super cool, relax, souriant. Mais, au-dedans, c'était la guerre. Plus jamais je n'inviterais un copain chez moi. Même mon meilleur copain. Surtout mon meilleur copain. J'en avais trop bavé.

Du coup, j'ai repris le chemin de La Charmille en sifflotant presque. Tellement soulagé d'en avoir terminé avec mon calvaire ! Ça changeait des autres semaines où j'y retournais en traînant des pieds. Je sais ce que je dois à monsieur Raymond et à toute l'équipe, je mesure ma chance d'avoir été admis au Centre... mais, parfois, rien qu'à imaginer le travail qui m'attend, je suis épuisé d'avance !

Cette semaine, donc, ce n'était pas le cas. En plus, ma mère a demandé à l'oncle Henri de nous raccompagner à La Charmille. Ça me dispensait du trajet en autostop et je m'en suis frotté les mains. Au début, j'adorais ça. Je sentais souffler le vent de la liberté pendant que je tendais le pouce au bord de la route. À présent, c'était devenu la corvée du dimanche soir.

— Terminus, mes gaillards ! s'est exclamé l'oncle Henri en atteignant le parking du Centre. Tout le monde descend !

Je me suis retourné vers la banquette arrière et j'ai remarqué la pâleur de Fabrice.

— T'es blanc comme un linge... Qu'est-ce que tu as ?

Il a secoué la tête :

— Rien, rien, je t'assure.

J'ai laissé tomber pour ne pas l'embarrasser davantage. Il m'a fourni l'explication quelques minutes plus tard, après le départ de l'oncle Henri.

— Il conduit toujours aussi mal ?

— Ah ! C'est ça !... Oui, toujours.

— Atroce.

— Figure-toi qu'il est myope comme une taupe, à tel point qu'il n'arrive pas à déchiffrer les panneaux. Il devine, se trompe, faut lui donner un petit coup de main en douce.

— Comment cela ?

— Ben, quand tu vois un panneau, tu le lis à haute voix, l'air de rien. Et lui, il se sert de ton indication.

— Holà ! Ça ne me rassure pas !

— Bof, on finit par s'y habituer. Il nous a menés à bon port, pas vrai ?

Riant de ce voyage original, nous avons regagné le Centre. Les copains nous ont rejoints les uns après les autres. Il ne manquait que Mme Yvonne. D'habitude, elle nous accueille à l'étage comme une seconde maman. Là, personne. Elle devait se reposer dans son appartement. Elle en avait bien le droit.

Fabrice et moi avons envoyé valdinguer nos sacs sur nos lits en même temps. Nous nous conduisons souvent comme des frères jumeaux. Il a déballé ses vêtements dans un grand désordre. Là, nous sommes différents. Moi, je procédais avec méthode, une chose après l'autre. Concentré.

Soudain, il s'est écrié :

— Je vais me brosser les dents !

J'ai sursauté et j'ai jeté un œil dans sa direction. Je l'ai vu extirper une serviette de ses affaires et se précipiter vers la salle de bains. Dans son sillage, une feuille de papier s'est échappée de son sac et a plané vers le sol. Je l'ai attrapée au vol et je n'ai pu me retenir de la parcourir.

Ma chère Sarah,

Je viens de passer de délicieux moments en ta compagnie. J'avais gardé un excellent souvenir de toi, mais j'ignorais que mon cœur se mettrait à battre lorsque je te reverrais. Chaque minute à tes côtés a été une minute de bonheur.

Hélas, je n'ai pas pu aller aussi loin avec toi que je l'aurais souhaité. J'étais l'invité de Martin et je ne voulais pas...

Le texte s'interrompait au beau milieu d'une phrase. Un brouillon, peut-être ? J'en avais le souffle coupé, comme si j'avais pris un coup de poing dans l'estomac. J'étais K.-O. debout. J'ai essayé de me raisonner. Après tout, Fabrice n'avait pas envoyé sa lettre. Il avait écrit ces lignes encore dans l'ambiance du week-end qui, pour lui, avait été formidable. Et Sarah faisait tourner les têtes, j'étais bien placé pour le savoir.

N'empêche : j'aurais donné cher pour connaître la suite. Qu'est-ce qu'il ne voulait pas ? Me contrarier ? Me rendre jaloux ? Me torturer ?

J'ai dû abréger. J'ai entendu le bruit de ses pas dans le couloir et j'ai prestement remis la feuille dans son sac. Pour ne pas perdre la face, j'ai plongé dans mon rangement, comme si de rien n'était.

— Ben dis donc, s'est-il moqué, t'as pas beaucoup avancé.

Je me suis retourné :

— Ah bon ?

— Euh... Excuse-moi de te dire ça, mais t'as l'air tout bizarre.

— Moi ?

— Oui, toi ! J'ai beau regarder, je ne vois personne d'autre dans la pièce.

Il m'énervait. Je me sentais coincé. Vite, il fallait que je trouve une diversion.

Je me suis écrié :

— Tu l'auras voulu ! Le dernier au lit porte les affaires de l'autre toute la semaine.

— Pari tenu !

J'ai feint de jouer le jeu, et j'ai perdu, évidemment. De toute façon, je devais encore faire ma toilette. Fabrice ne s'est même pas étonné de remporter une victoire aussi facile...

Inutile de préciser que j'ai mis pas mal de temps à trouver le sommeil. Que ma nuit a été peuplée de cauchemars dans lesquels Fabrice et Sarah n'arrêtaient pas de s'embrasser. Et que, le lendemain matin, je n'étais pas très frais pour affronter la semaine qui débutait. Et j'ignorais encore que je n'étais pas au bout de mes mauvaises surprises...

★

Dès le petit déjeuner, j'ai remarqué que quelque chose ne tournait pas rond. Pour une simple raison : Mme Yvonne se murait dans le silence. Elle était là sans être là. D'accord, elle s'efforçait de s'occuper de nous le mieux possible. À son habitude, elle virevoltait de l'un à l'autre, resservant du chocolat chaud par-ci, apportant du pain frais par-là, ouvrant un nouveau paquet de céréales... Mais le cœur n'y était pas. Ses rires, ses encouragements, ses attentions étaient aux abonnés absents. Et ça manquait drôlement.

Elle a fini par craquer. Soudain, elle a enfoui son visage dans son tablier et a fondu en larmes. Pourquoi ? Mystère. Parmi nous, il ne s'en est pas trouvé un seul pour tenter de la consoler. Nous étions trop gênés. Chacun a filé sur la pointe des pieds. Il était 8 heures. L'heure des cours.

En compagnie des copains, dans un

silence total, j'ai rejoint la salle de classe. Je pensais y retrouver monsieur Raymond, prêt à nous présenter le menu de la semaine à La Charmille. Je n'oubliais pas non plus que je devais lui toucher deux mots à propos de l'énigmatique Piotr Szczaminski.

Le coach était bien là, fidèle au poste... mais il n'était pas seul. Le président de notre club, le Racing Club Montfarny, avait fait le déplacement. Quel honneur ! J'ai souri à part moi : sans doute voulait-il nous convaincre de signer chez lui notre premier contrat professionnel.

À côté de lui, un peu en retrait, se tenaient plusieurs personnes que je ne connaissais pas.

— C'est qui ? m'a demandé Fabrice.

— Qu'est-ce que j'en sais ? Je suis pas devin.

— Ce que tu peux être désagréable par moments...

J'ai haussé les épaules sans répondre. Tout le monde était un peu énervé. La lettre à Sarah, la fatigue, l'attitude de Mme Yvonne, l'apparition du président et de ces inconnus, ça commençait à faire beaucoup. J'avais l'impression d'attendre le début d'un feu d'artifice. On espère être amusé, ébloui, étonné, ébouriffé. On a peur, aussi, d'être déçu.

Le président s'est lancé :

— Vous n'ignorez pas que le monde du football évolue à grande vitesse. Pour tenir notre rang, nous devons rester à la pointe du progrès. Innover, afin de ne pas disparaître.

Quel charabia ! Où voulait-il en venir ?

— J'ai donc décidé de procéder à quelques changements dans le club. Mais d'abord, je souhaite rendre un vibrant hommage à votre directeur et entraîneur, monsieur Raymond. Après avoir accompli sa carrière entière au RCM, il a choisi de nous quitter pour prendre une retraite bien méritée.

À ces mots, monsieur Raymond a bondi, au bord de l'apoplexie :

— C'est un tissu de mensonges, président ! Je n'ai rien choisi du tout ! C'est vous qui me flanquez à la porte, sous la pression de deux ou trois sponsors à la noix.

— Cher ami, je vous en prie, a essayé le président pour le calmer. Vous ne me facilitez pas la tâche...

— J'espère bien ! Je refuse de baisser pavillon ! J'exige de demeurer en place !

La scène était incroyable. Monsieur Raymond se faisait renvoyer sous nos yeux. Et il ruait dans les brancards. Normal, avec son caractère de cochon.

— Écoutez, a repris le président, il n'est pas question que vous perturbiez plus longtemps cette réunion.

— Moi, je perturbe ? N'importe quoi ! C'est vous, et vous seul, le responsable de ce cirque.

Du coup, excédé, le président s'est dirigé vers la porte. J'ai pensé qu'il partait, mais non – il a appelé le concierge qui traînait dans le hall.

— Georges ! J'ai besoin de vous pour raccompagner monsieur Raymond.

Georges Duroff ! Détesté par l'ensemble des élèves. Toujours aux ordres pour exécuter les sales besognes. À croire qu'il était né pour ça.

Il est entré dans la pièce, a pris le coach par le bras en lui glissant quelques mots à l'oreille. Monsieur Raymond a encore fait mine de résister, avant de céder et de le suivre, tête basse. J'ai eu pitié de lui.

— Bien, a continué le président. Après ce léger incident, nous allons pouvoir passer aux choses sérieuses : voici le nouveau programme d'entraînement. Vous n'allez pas en croire vos oreilles.

4
Le système O.S.E.

Ah ça, il n'a pas raté son effet, le président. Nous en avions déjà vu, des soi-disant spécialistes, papillonner autour de nous – diététiciens, médecins du sport, préparateurs physiques... Le stage offert à la rentrée par le club dans la station hyper-chic de La Grande-Course avait valu son pesant de cacahuètes. Nous y avions été initiés à l'ayurveda, une méthode de médecine douce en provenance d'Inde, ainsi qu'au kokyu, une technique de respiration japonaise. Intéressant, même si nous avions eu de la peine à retenir quelques fous rires.

Mais là, ce qu'on nous dévoilait me dépassait. J'en prenais plein les mirettes. Le président a d'abord présenté les inconnus debout à ses côtés :

— Dorénavant, vous n'aurez plus affaire à un interlocuteur unique comme monsieur Raymond, mais à une équipe de référents.

Déjà un mot que je ne comprenais pas. Ça commençait mal.

Nadir n'a pas pu tenir sa langue :

— Et en français, ça donne quoi ?

Le président a lâché un petit rire crispé, puis a répondu :

— Un référent, c'est un guide, un conseiller, un technicien dans une spécialité. Le football est aujourd'hui trop complexe pour que l'on confie tout à une seule personne. C'est pourquoi vous bénéficierez de l'appui de professionnels hautement qualifiés : M. Moinot est psychologue, Mlle Karsenty, sophrologue, M. Genty s'occupera de la logistique – vos déplacements, vos papiers, votre argent – et François Parent sera chargé des statistiques. Celles de l'équipe mais également celles qui concernent chacun d'entre vous. Mlle Ciffre, votre diététicienne, et M. Leloup, un tacticien hors pair chargé d'élaborer de nouveaux systèmes de jeu à partir des données recueillies auprès des autres équipes, arriveront demain.

Il avait débité son laïus d'une traite, sans reprendre sa respiration. J'étais essoufflé pour lui. J'essayais de digérer la masse d'informations qui venait de s'abattre sur moi, mais je n'y parvenais pas. Je me sentais perdu, un peu comme dans le palais des glaces des fêtes foraines. On croit en être sorti et puis non, on se cogne encore et encore. Un cauchemar. Enfin, un cauchemar pour rire.

Ici, en revanche, c'était du sérieux. Voilà ce qui m'inquiétait. Ce cinéma n'était pas une farce... mais la réalité. Mon nouveau train-train quotidien. Brrr... monsieur Raymond me manquait déjà.

— Des questions ? a claironné le président.

Nous nous sommes regardés pendant quelques secondes et, comme un seul homme, nous avons levé le doigt.

— Remarquable esprit d'équipe, a triomphé le président.

Il se réjouissait un peu vite.

Julien a ouvert le bal :

— Mais, monsieur, vous ne croyez pas que monsieur Raymond aurait pu s'adapter à vos changements ?

Gus n'a pas attendu la réponse :

— Vous voyez, on avait nos habitudes, avec lui. Presque trois ans, ce n'est pas rien.

Puis Édouard :

— Il s'y entendait pour nous motiver, lui.

Fabrice :

— Ce n'est pas qu'on vous fait pas confiance, mais...

Il n'a pas pu finir. Le président s'est mis à hurler :

— ÇA SUFFIT ! Taisez-vous !

Un froid glacial s'est abattu dans la pièce. Le dialogue était rompu. Joe, d'ordinaire silencieux, a grondé :

— Faudrait savoir. Vous voulez qu'on pose des questions et dès qu'il y en a une qui vous dérange, vous nous cassez grave.

Un murmure d'approbation a parcouru

nos rangs. Les nouvelles techniques d'entraînement faisaient l'unanimité... contre elles.

Quant à moi, je bouillais intérieurement. Je rongeais mon frein : j'avais absolument besoin que monsieur Raymond me conseille à propos de l'offre de Szczaminski. Plus le temps passait et moins j'avais de chances de le revoir. Après sa crise de tout à l'heure, probable qu'il avait quitté La Charmille. J'étais dans de beaux draps...

Du coup, j'ai failli bondir de joie quand la porte s'est ouverte avec fracas. Monsieur Raymond, plus remonté que jamais, a fait irruption. Il n'avait pas dit son dernier mot :

— Vous allez me le payer ! a-t-il rugi en menaçant du poing le président.

Alors là, panique complète. Les « référents » devaient se demander dans quelle maison de fous ils avaient atterri. Monsieur Raymond n'était plus qu'à quelques mètres du président. J'ai bien cru qu'il allait se jeter sur lui pour l'étrangler. Celui-ci braillait :

— Georges ! Georges ! Au secours !

Mais pas de Duroff à l'horizon. Le salut est arrivé par celui que l'on n'attendait pas. Joe. Oui, encore lui. Il s'est levé d'un bond, renversant sa chaise, et s'est précipité sur notre ex-coach.

— Arrêtez, monsieur ! Faut être plus intelligent qu'eux. L'usage de la violence ne règle rien, vous nous l'avez assez répété.

La phrase a figé monsieur Raymond sur place. Puis il s'est écroulé sur l'estrade en prenant sa tête dans les mains :

— Qu'est-ce que je vais devenir ? La Charmille, c'est ma famille, ma raison de vivre.

Chagrin aidant, monsieur Raymond y allait un peu fort. De la famille, il lui en restait. Il avait une femme et des enfants. Joe, lui, savait ce que c'était que de ne pas en avoir. Il était orphelin.

Monsieur Raymond s'est aperçu de sa maladresse :

— Excuse-moi, Joe. Je ne voulais pas...

— Vous en faites pas pour moi. J'ai appris à me protéger. Vous, non. Vous avez pris votre renvoi en pleine figure. C'est dur...

Monsieur Raymond s'est encore un peu plus affaissé, puis, lentement, il a relevé la tête et a regardé autour de lui comme s'il nous découvrait. Puis il s'est redressé, avant de se diriger vers la sortie. On aurait dit un robot fatigué. C'est drôle : quand il a disparu, j'ai eu le sentiment que je ne le reverrais jamais. Voilà qui n'arrangeait pas mes affaires.

Un qui n'était pas mécontent de l'initiative de Joe, c'était le président. Tout sourires, en se frottant les mains de satisfaction, il a repris son discours. Sans un mot de remerciement pour notre copain !

— Bien, où en étais-je ?... Ah oui, nos « référents ». Ils vont être chargés d'appliquer – et c'est une expérience unique en France – le système O.S.E... O.S.E. pour Organisation, Scientifique, Efficacité. Je m'explique : une organisation sans faille, alliée à des méthodes scientifiques, pour une efficacité maximale. De quoi vous propulser au sommet du championnat. Alléchant, n'est-ce pas ?

Il s'attendait certainement à des hourras et à des bravos. Il n'aura eu droit qu'à une série de moues plus ou moins prononcées. Son agacement a monté d'un cran :

— Vous faites la fine bouche ? On vous offre le top du top et vous chipotez ? En vérité, vous n'êtes qu'une bande d'ingrats. Que vous souteniez monsieur Raymond, je peux le comprendre. Mais cela ne doit pas être une raison pour vous renfermer dans le passé. L'avenir vous tend les bras, profitez-en !

J'ai commencé à hésiter. D'un côté, je devais fidélité à notre ancien coach. Il nous avait tout appris, il était comme mon second père, je ne pouvais lui tourner le dos sur un claquement de doigts. De l'autre, les derniers mots du président changeaient un peu mon opinion. Oui, je voulais faire partie de l'avenir du football. Et, aucun doute, mes copains aussi.

Alors... si on se laissait tenter par ce fameux système O.S.E. ?

5
Foot Academy !

— T'en penses quoi ? m'a soufflé Fabrice.

Dans un premier temps, j'ai décidé de ne pas lui répondre. Je lui en voulais toujours au sujet de Sarah. J'avais besoin d'une explication. Mais impossible d'en obtenir une durant la réunion. Alors, j'ai feint d'être toujours son meilleur ami.

— Tu crois qu'on a le choix ?

— Non.

— Tu vois. Le président a pris les décisions. Autant s'y plier de bonne grâce.

— Hmm... T'as peut-être raison, mais...

Je n'ai pas su la suite. Fabrice a été interrompu par le président, qui n'en avait pas tout à fait terminé :

— Je tiens à vous préciser une dernière chose qui, à mon avis, devrait emporter votre adhésion. Le système O.S.E. est un dévoreur de temps. Il faut caser l'intervention des différents référents au fil de la journée. Comme il n'est pas question de prendre sur l'entraînement, je suggère de diminuer le nombre d'heures de cours. Chaque matin, vous n'aurez plus classe que de 8 heures à 10 heures...

Là, enfin, les hurlements de joie qu'il espérait depuis le début ont couvert sa voix. J'en sautais de bonheur. Moins de français, moins d'histoire-géo et, surtout, moins de maths. Je me suis mis à aimer le système O.S.E. sans même le connaître.

Et j'avais bien tort.

M. Genty a été le premier à nous tomber dessus. Il nous a remis à chacun une fiche à remplir. Il ne pouvait pas demander les renseignements à Sandrine ? Elle savait tout de nous. Et ce dont elle ne se souvenait pas, elle l'avait dans ses dossiers.

J'avais à peine posé mon stylo que François Parent nous a distribué une autre feuille, une « grille d'auto-évaluation technique ». Je devais m'attribuer une note de 1 à 10 dans tous les domaines : ma remise en touche, mon corner, mon intérieur du pied droit, gauche, mon dribble, mon amorti de la poitrine... Il y en avait comme cela des dizaines. C'était une véritable torture que de se juger soi-même. Je sentais poindre la migraine quand Genty est revenu à la charge pour nous transmettre le questionnaire de Mlle Ciffre. Elle aussi était très curieuse : nos plats préférés, les sucreries qui nous faisaient craquer, ce que nous détestions, etc.

Fabrice m'a poussé du coude :

— Regarde ! Là-haut ! Les caméras !

Bêtement, j'ai levé les yeux. Quelles caméras ?

— Où ça ? Je n'en vois aucune.

Fabrice ne pouvait pas répondre, il était mort de rire. J'ai compris :

— Ça t'amuse de me faire marcher ?

— Désolé. Je rigole mais, à vrai dire, je suis sérieux. À force de me faire tirer les vers du nez, j'ai l'impression d'être surveillé comme dans une prison. Pas toi ?

— Bof...

Notre conversation s'est arrêtée là. Une troisième fois, Genty passait dans les rangs pour distribuer des documents. Je l'ai gentiment mis en boîte :

— Vous allez avoir une crampe à la main, à ce rythme-là...

Ma remarque ne l'a pas fait rire. D'un œil noir, il m'a tendu la feuille en ronchonnant :

— Lis ! Tu feras moins le malin après.

J'ai lu l'intitulé et j'ai failli en avaler de travers : « Martin Leroy : programme hebdomadaire ». Minute par minute, j'y découvrais ce qu'on avait prévu pour moi les jours prochains. J'avais beau m'user les yeux, je n'y trouvais aucun moment de détente, de loisirs, aucune sortie en ville. Chaque case était remplie, même après dîner. La télé ou les jeux du soir étaient remplacés par la présentation tactique des autres équipes ou par des reportages sur l'histoire du foot. Le vide, le farniente, les blagues entre copains, tous ces instants où nous rechargions nos batteries étaient désormais bannis.

Édouard a résumé le sentiment général :

— On se croirait dans une école militaire, genre Foot Academy !

Sa remarque a fait bondir le président :

— Faut savoir ce que vous voulez ! Rappelez-moi à quelle place vous vous situez dans le championnat ?

Silence de mort. Nous n'étions pas vraiment fiers de notre saison. Nous naviguions autour de la douzième place. Sur vingt, franchement pas terrible.

— Moi, a-t-il enchaîné, je ne suis pas président pour voir mon équipe patauger en milieu de tableau. C'est aussi pour cela que j'ai remplacé monsieur Raymond. Il n'avait pas démérité, loin s'en faut, mais je voulais vous administrer un électrochoc. Secouer l'équipe pour vous rendre plus agressifs sur le terrain.

— Super, comme idée ! a râlé Gus. Et quand on sera tous morts, vous la composerez comment, votre équipe ?

— Écoutez, tout ce que je vous demande, c'est d'essayer. D'adhérer corps et âmes à la nouvelle organisation. Si ça marche, si vous alignez les victoires, on ouvre le champagne. Si on échoue, on revient à l'ancienne méthode. D'accord ?

Que rétorquer ? Comment réagir ? J'ai vaguement hoché la tête, à la manière de plusieurs de mes camarades. Et vogue la galère.

10 heures : sophrologie avec Mlle Karsenty. Étendus sur de fins matelas en mousse, nous avons dû nous concentrer sur telle ou telle partie de notre corps. Très relaxant, mais interdiction de s'endormir !

11 heures : analyse des matchs à venir avec M. Genty. Nos futurs adversaires, leurs forces, leurs faiblesses, nos avantages, nos handicaps.

Midi : rien n'était prêt pour le déjeuner. Mme Yvonne, désespérée par le départ de monsieur Raymond, n'avait pas eu le cœur à se mettre à ses fourneaux. Elle a sorti en catastrophe des surgelés du congélateur.

D'habitude, après manger, nous ne reprenions qu'à 14 heures, avec l'entraînement. Mais nous avons eu la preuve que les temps avaient changé puisque, dès **13 heures**, nous avons été convoqués pour une prise de contact avec M. Leloup qui venait d'arriver. Une heure de travail tactique, les fesses vissées sur nos chaises. Usant.

14 heures : l'entraînement. Au moins un horaire qui n'avait pas changé ! Pour ne pas trop nous déboussoler, il avait été confié à Dominique Pierretard, notre préparateur physique, le rescapé de l'époque de monsieur Raymond. Au début, j'étais drôlement content que ça soit lui. Il nous avait toujours écoutés, compris. Hélas, il a voulu en rajouter. Il nous en a fait baver comme des chiens. L'horreur !

17 heures : entrée en scène de Mlle Ciffre, la diététicienne. Et que je te fais la morale sur les cochonneries qu'on grignote en cachette. Et que je te dresse la liste des aliments le mieux adaptés pour maintenir la forme. Elle avait apporté des affiches colorées, des petits carnets d'explications, des tee-shirts et des stylos, n'empêche : elle m'ennuyait à mourir.

Je passe rapidement sur la fin de l'après-midi. La séance avec M. Genty pour dresser un premier bilan. Les sanglots de Mme Yvonne, décidément inconsolable.

Pour finir, chacun à son tour a rencontré François Parent pour obtenir le résumé de ses statistiques. Même nos erreurs durant l'entraînement de l'après-midi avaient déjà été entrées dans son ordinateur. Je me suis demandé si j'avais encore le droit de respirer. Et si je me mettais à tousser, cela figurerait aussi dans son PC ?

Quant à mes affaires personnelles, elles n'avaient pas avancé d'un pouce. À la fin de cette journée de folie, je n'avais eu ni le temps de consulter monsieur Raymond, ni l'occasion de téléphoner à Szczaminski. Épuisé, je ne songeais qu'à mon lit. Objectif prioritaire : me reposer à fond pour pouvoir supporter le système O.S.E. Le lendemain, j'avais rendez-vous avec le psychologue. J'en tremblais d'avance.

6
Un fantôme

Je me suis réveillé plein de bonnes intentions. J'avais décidé de ranger monsieur Raymond dans le placard des souvenirs. Au fond, si le football est un sport d'équipe, c'est quand même le règne du chacun pour soi. Pour réussir, il faut se montrer, se mettre en avant, il n'y a pas de place pour tous. L'argent est roi. Si tu gagnes, tu es le maître du monde. Si tu perds, tu n'existes plus.

Moi, je voulais devenir l'un des maîtres du monde du football. Que ce soit avec monsieur Raymond ou avec les référents, qu'importe. Pourvu que j'obtienne les meilleurs résultats.

Mme Yvonne, elle aussi, reprenait du poil de la bête. Même si elle affichait encore un masque de tristesse même si ses épaules semblaient porter le poids de l'univers, elle avait récupéré des forces pour nous préparer le petit déjeuner. La vie à La Charmille retrouvait peu à peu son cours normal.

Ou presque. Car le système O.S.E. ne nous laissait guère de répit. Moi, par exemple, je n'avais pas droit au cours de français de 8 heures. J'aurais dû bondir de joie. En fait, je me préparais à sauter dans l'inconnu. M. Moinot, le psychologue, désirait nous rencontrer individuellement.

— Qui est volontaire pour y aller le premier ? avait interrogé M. Genty.

Personne, évidemment. Avec un bel ensemble, nous avions plongé le nez dans nos bols, histoire de nous faire oublier. Genty ne s'était pas énervé :

— Ah ! Je vois. J'ai affaire à une bande de courageux, avait-il ricané.

Et il avait choisi de recourir au tirage au

sort. Il avait pris un couteau qu'il avait fait tourner sur la table.

— Quand il s'immobilisera, la lame indiquera l'heureux élu, avait-il précisé.

C'était tombé sur moi. Les copains avaient poussé un gros soupir de soulagement. Moi, je n'avais même pas terminé ma tartine. Quand on ne sait pas à quelle sauce on va être mangé, ça coupe un peu l'appétit.

Genty avait continué avec son couteau pour déterminer l'ordre de passage. Nadir à 9 heures, Benoît à 10 heures, etc.

— Tu nous raconteras... s'était empressé de me dire Édouard.

En voilà un qui n'avait pourtant pas l'habitude de me demander conseil. Décidément, ces nouvelles méthodes inquiétaient tout le monde.

J'ai regardé ma montre. 7 h 50. Tandis que mes camarades faisaient un détour par les chambres pour y prendre leurs classeurs, je suis descendu. Je ne tenais pas à être en retard. Je ne voulais pas non plus me farcir leurs questions et leurs sarcasmes. C'est un peu comme quand il faut aller chez le dentiste. Pour tromper l'angoisse, certains préfèrent être accompagnés, d'autres seuls.

M. Genty nous avait indiqué que les entretiens avec le psychologue se dérouleraient dans le bureau du médecin. La porte était ouverte. J'ai frappé. Pas de réponse. J'y ai glissé un œil. Personne. J'étais réellement en avance. Autant aller me promener dans le parc. Une balade m'aiderait à me détendre et je verrais arriver de loin M. Moinot.

Tandis que je me dirigeais vers la sortie du Centre, j'ai eu un choc. En passant devant le bureau de monsieur Raymond, j'ai aperçu une ombre. « Continue, ne t'arrête pas », m'a commandé une petite voix intérieure. Mais la curiosité l'a emporté. Je me suis approché. L'ombre farfouillait dans les tiroirs et les étagères. L'ombre ressemblait à notre ancien coach. L'ombre ressemblait à un fantôme.

J'ai écarquillé de grands yeux incrédules. Je ne pouvais croire que le vieillard voûté, tremblotant, maladroit que je distinguais était le même homme que notre ex-directeur. Où étaient passés sa fierté, son orgueil, sa superbe ? Être mis à la porte pouvait-il changer quelqu'un à ce point ? Et aussi rapidement ?

J'en avais trop vu. Il me fallait repartir. J'ai tenté un demi-tour sur la pointe des pieds mais je me suis emmêlé les pinceaux... et j'ai trébuché contre le cactus géant que Sandrine bichonne depuis des années.

— Aïe ! ai-je crié, avant de bondir en arrière, de cogner contre la porte de monsieur Raymond et de m'écrouler dans la pièce.

— Qui va là ? a grogné le coach. Martin ? Mais... tu te donnes en spectacle, maintenant ?

J'aurais voulu disparaître dans un trou de souris, mais c'était impossible. Il me fallait affronter ce que j'avais voulu éviter. « La curiosité est toujours punie. » Exact. Et doublement si je tenais compte des épines de cactus plantées dans ma paume.

— Ben... Euh... J'avais rendez-vous avec le psy, mais c'est le cactus que j'ai rencontré. Enfin un peu de piquant dans ma vie !

Ma tentative d'humour ne l'a pas déridé. Il s'est penché vers moi.

— Tu dois avoir mal, non ?

Monsieur Raymond s'inquiétait pour ma santé ! Une preuve de plus que le bonhomme était transformé. Avant, il m'aurait gratifié d'une tape dans le dos et m'aurait renvoyé en cours. Sans me plaindre, ni se tracasser.

Du coup, je ne savais que lui répondre. Et si je changeais de sujet de conversation ?

— Monsieur ?

— Hmm.

— Je peux vous poser une question ?

— Essaie toujours.

— C'est vrai qu'on vous reverra plus ?

Un masque gris a enveloppé son visage.

— Je ne sais pas. Probablement.

— Mais vous allez vous battre, n'est-ce pas ?

— Me battre ? À quoi bon ? Les robots ont remplacé les êtres humains. Aux oubliettes, les vieux schnocks dans mon genre !

— Vous pourriez peut-être faire équipe avec les référents ?

— Figure-toi que le président me l'a proposé. J'ai pris son offre en pleine poire. Je n'avais rien vu venir. Une véritable trahison. Comme s'il me plantait un poignard dans le dos.

— Vous exagérez pas un peu, là ?

À ces mots, le coach a repris vigueur. L'ours se réveillait d'un long et lourd sommeil.

— Moi, exagérer ? Tu plaisantes, j'espère ? Trente ans que je dirigeais La Charmille. Trente ans, tu imagines ? Deux fois ton âge.

— Y a sûrement des gens bien parmi les référents.

— C'est même certain. Je les connais tous ou presque. Ce n'est pas le problème. Le hic, c'est ce que je n'ai jamais partagé le pouvoir. Je ne sais pas le faire et je n'ai pas envie d'apprendre.

— Et vous n'avez pas pensé à nous ? Qu'est-ce qu'on va devenir sans vous ?

— Oh ! Je ne me bile pas. Vous êtes sur de bons rails. Dans quelques mois, vous volerez de vos propres ailes. Il vous reste juste à trouver un club.

Un club. Szczaminski ! Je l'avais complètement oublié, celui-là ! Par chance, monsieur Raymond venait de ramener mes soucis personnels à la surface. J'ai attrapé la balle au bond :

— Piotr Szczaminski, ça vous dit quelque chose ?

— Et comment ! C'est l'un des meilleurs agents sur la place. Si je me souviens bien, il désirait te contacter pour un poste en Italie. Vous avez conclu un marché ?

J'ai repensé à la scène chez moi, quand j'étais tombé dans les pommes. La honte m'interdisait de raconter l'incident au coach.

— Pas encore. Je voulais d'abord solliciter votre avis. Est-ce que je peux lui faire confiance ?

— Les yeux fermés. Il est si sérieux que...

Sa phrase est restée en suspens. Sandrine venait de passer la tête par la porte :

— Monsieur, vous n'auriez pas vu... ? Oh ! Martin ! C'est toi que je cherchais. M. Moinot t'attend.

Mon rendez-vous ! Moi qui ne voulais

pas être en retard. J'avais l'air fin. Monsieur Raymond a dû se rendre compte de mon embarras car il a ajouté à la hâte :

— File ! Tu as déjà assez perdu de temps avec moi. N'oublie pas de rappeler Szczaminski. Et...

Et ?

— Demande à Mme Yvonne de retirer les épines. Avec une pince à épiler. Sinon, tu risques une infection.

J'ai détalé à toutes jambes. Pour la seconde fois, j'ai eu le sentiment que je ne le reverrais jamais.

7
Et si ça marchait ?

Moinot m'a soumis au sérum de vérité. Ou quelque chose dans le genre. Il avait des yeux de sorcier charmeur, j'avais l'impression de me noyer dedans. En tout cas, je ne sais ni pourquoi ni comment, mais mes confidences coulaient toutes seules de ma bouche. Oui, j'ai eu envie de devenir footballeur comme mon père. Non, ça n'a pas plu à ma mère. Oui, quand je suis arrivé à La Charmille, je manquais de confiance en moi. Oui, ça va beaucoup mieux maintenant.

Je suis sorti de là totalement vidé. Comme si j'avais couru un marathon. Et il n'était que 9 heures ! J'ai rejoint mes camarades pour la deuxième heure de français. Je luttais pour garder les paupières ouvertes et, surtout, pour que Mme Boulanger ne remarque pas ma fatigue. Sinon, à coup sûr, j'étais bon pour être interrogé ! Heureusement, Fabrice ne me laissait pas tranquille. Sans cesse, il me poussait du coude. Il voulait savoir ce qui s'était passé chez le psy. Fabrice avait rendez-vous avec lui dans l'après-midi. Il tenait à se préparer.

— Lâcher prise, lui ai-je répondu. Voilà la clé. On ne peut rien prévoir pour un truc pareil. Il faut se laisser aller. Se laisser flotter sur une rivière de mots.

— C'est quoi, ce charabia ?

— Tu comprendras quand tu y seras.

La journée s'est poursuivie sans que je puisse reprendre mon souffle. Puis les suivantes se sont enchaînées sur le même rythme. Cours, musculation, entretiens en tout genre, leçons de stratégie, diététique, préparation physique, analyse de mes statistiques, technique individuelle et collective, bilan médical, etc. J'avais l'impression que ma vie se déroulait à l'intérieur d'un immense cahier de textes dont chaque page pesait une tonne : je me traînais d'un rendez-vous à l'autre sans y prendre aucun plaisir. Et le soir, après le dernier film sur l'histoire du foot, nous tombions dans notre lit comme des masses. Une nuit, je me suis même endormi tout habillé !

Au bout d'une semaine de ce régime, je me serais bien vu prendre un mois de vacances sous les cocotiers. Les doigts de pied en éventail, à ne rien faire que compter les grains de sable sur la plage.

Joe m'a fait revenir sur la terre ferme :

— Rêve pas, Martin ! Demain, finie la trêve ! Le championnat reprend.

Le championnat ! Il m'était bel et bien sorti de l'esprit. À l'évidence, ma tête fonctionnait à régime réduit.

Je lui ai adressé un petit sourire las :

— Épuisés comme nous le sommes, à quoi bon nous déplacer ? Tu crois qu'on va être capables de défendre nos chances ?

— Sait-on jamais ? Tu trouveras toujours quelqu'un de plus fort ou de plus en forme que toi. Il est favori, il doit l'emporter. Et patatras, il perd ! Aucune logique là-dedans, mais c'est ça, le sport. Avant d'avoir joué, impossible de dire avec certitude qui va gagner.

À quinze ans, Joe ressemble à un vieux sage. Bonnes ou mauvaises, il prend toutes les nouvelles avec une égale résignation. C'est pour cela qu'il nous a tellement surpris, l'autre jour, quand il s'est énervé contre le président et qu'il s'est levé pour calmer monsieur Raymond. Je m'étais déjà aperçu qu'un volcan sommeillait sous ce calme apparent. Voilà aussi pourquoi Joe est un excellent gardien de but : toujours tranquille, prêt à bondir. Un fauve silencieux...

— Tu vas peut-être pouvoir coincer Szczaminski.

J'ai sursauté. En une courte phrase, Fabrice venait de me ramener à la réalité. De me toucher en plein cœur aussi. Szczaminski... J'avais essayé à plusieurs reprises de le rappeler. En vain – chaque fois j'avais obtenu sa boîte vocale... et je ne souhaitais pas laisser de message. Pour dire quoi ? Je n'avais pas de portable et il était hors de question que je donne les coordonnées de M. Genty. Même si mes réticences n'étaient pas fondées, je me méfiais de notre nouveau « coordinateur ».

Fabrice avait raison : Szczaminski allait certainement assister à notre match. Lors des précédentes rencontres, nous avions été envahis d'espions : des agents, des entraîneurs d'autres clubs, la fine fleur du recrutement européen. Chacun notant sur ses fiches nos moindres faits et gestes. L'enjeu était de taille : une bonne prestation pouvait t'ouvrir les portes des clubs les plus prestigieux ; un ratage et tu n'existais plus.

J'ai interrogé Fabrice :

— On joue contre qui ?

— Attends, je consulte le calendrier... Le FC Mareuil.

— Ils sont pas derniers ?

— Si. On a du bol, c'est la lanterne rouge.

— Mouais. Sauf que si on perd, je ne te dis pas la honte.

Joe a ricané.

— Aucun risque ! Nos référents ont dû trouver l'arme fatale pour battre nos adversaires...

Il avait vu juste. Les heures qui ont précédé la rencontre n'ont été qu'une succession de découvertes. Là où monsieur Raymond nous avait appris à ne compter que sur nous-mêmes, sans trop nous préoccuper de ceux d'en face, la nouvelle équipe ne jurait que par l'analyse de l'adversaire. François Parent nous a présenté chaque joueur du FC Mareuil – ses points forts –, tandis que M. Leloup nous brossait un résumé de chacun de leurs matchs. Pourquoi ils avaient perdu (le plus souvent), pourquoi ils avaient gagné (quelquefois).

À la fin de son exposé, il m'en a tendu une copie :

— Tiens, Martin, un peu de lecture pour le capitaine.

— Mais j'arriverai jamais à avaler tout ça d'ici le coup d'envoi !

— C'est le minimum. Tu sais, l'improvisation n'a plus sa place dans le football moderne. Sans les techniques scientifiques, tu n'arriveras à rien.

J'ai marmonné quelque chose qui pouvait passer pour de vagues remerciements, et je lui ai presque arraché les papiers des mains. Je voulais fuir, m'enfermer dans ma chambre. Je me sentais piégé. Même si je lisais le document – et je ne m'en sentais pas la force –, je ne me voyais pas en faire usage pendant le match. J'étais bien trop fatigué pour courir et réfléchir en même temps.

Assis au bord de mon lit, j'ai enfoui ma tête dans mes mains. Fabrice s'est approché :

— C'est le cinéma de Leloup qui te tracasse ?

— On ne peut rien te cacher...

— Cool, Martin. T'es pas tout seul dans cette histoire, à ce que je sache. On a tous intérêt à mettre le paquet.

J'ai hoché le menton. Les paroles de mon ami m'avaient réconforté. J'avais besoin d'être apaisé, de me sentir en sécurité au milieu de mes équipiers. Si cette condition est remplie, je peux faire un bon capitaine, me semble-t-il.

J'ai si bien retrouvé confiance que je n'ai pas lu les fiches de M. Leloup...

Dans les vestiaires, juste avant le coup d'envoi, une dernière surprise nous attendait. Mlle Karsenty nous a fait nous allonger sur les bancs pour dix minutes de relaxation. Elle nous a commandé de détendre nos bras et nos jambes, de fermer les yeux et d'imaginer les séquences de jeu qu'elle nous décrivait :

— Vous avez été choisi pour tirer le penalty. Vous prenez votre élan, vous tirez et... but !

Ou encore :

— Vous entrez dans la surface de réparation, vous jouez le une-deux avec votre partenaire et vous marquez d'une frappe instantanée dans la lucarne !

J'ai adoré. Je me suis senti léger comme une plume en pénétrant sur la pelouse. Désormais, malgré mes courbatures, j'étais sans complexes. J'ai redressé les épaules, observé nos adversaires, avec la certitude de les vaincre.

Et la suite m'a donné raison. 2 : 0. Pas de quoi pavoiser, certes, mais nous avons empoché les trois points de la victoire. À la dix-huitième minute, Nadir s'est échappé sur le flanc gauche, et a centré pour Drago qui a repris de volée. Du beau travail ! À la cinquante-sixième minute, le penalty annoncé par Mlle Karsenty s'est réalisé. Billy a été fauché dans la surface par le gardien adverse alors qu'il se présentait seul devant lui. Penalty, donc... que j'ai transformé. Une fois n'est pas coutume, les copains m'ont porté en triomphe. J'ai eu le temps de glisser à Fabrice :

— Il est là, Szczaminski ? Il m'a vu ?

— Aucune idée, je ne sais pas à quoi il ressemble.

— Moi non plus. Ce serait dommage qu'il ait raté mon péno...

Au coup de sifflet final, je flottais sur un nuage. Seule ombre au tableau : je devinais que notre succès allait conforter nos dirigeants dans l'idée que leur méthode révolutionnaire faisait ses preuves. Et nous allions doubler les doses de système O.S.E. La perspective ne me réjouissait guère...

8
Qui a raison ?

Je ne m'étais pas trompé. La fête aura été de courte durée. Nous sautions encore de joie dans les vestiaires quand le président, flanqué de M. Genty et de ses compères, est venu nous rappeler à la raison. Tout sourires, il a commencé par nous féliciter en donnant une chaleureuse poignée de main à chacun. Pendant quelques secondes, j'ai cru qu'il allait en rester là.

Mais non. Il a d'abord regardé ses pieds : ses chaussures prenaient l'eau. Dans notre délire d'après-match, nous nous étions tellement arrosés que les vestiaires étaient transformés en piscine. Puis il a relevé la tête, la mine soudain grave. D'avoir ses chaussettes mouillées le rendait drôlement sérieux...

— Ne vous réjouissez pas trop vite. Cette victoire est loin de m'avoir impressionné. Il y aurait beaucoup de choses à redire. Nous y reviendrons. Pour l'heure, je ne veux retenir qu'une seule leçon : le système O.S.E. fonctionne. J'ai vu une équipe plus dynamique, plus appliquée, plus intelligente que lors des rencontres précédentes. Cela me confirme que j'avais raison. J'espère que vous avez senti la différence, vous aussi.

Bof. J'avais rien remarqué du tout. On avait joué comme d'habitude. À fond pour gagner et chacun avait donné le meilleur de lui-même. Les copains pensaient pareil que moi, j'en étais persuadé.

— Oui, président. C'était nettement mieux.

Julien. J'en ai lâché ma serviette de surprise. Qu'est-ce qui lui prenait ? Dans le rôle du lécheur de bottes, j'aurais plutôt vu Édouard ou Stéphane. Mais pas lui. Et comment pouvait-il sincèrement croire que les tortures O.S.E. nous faisaient du bien ?

À moins que... Il y avait peut-être une explication. Julien est en compétition avec moi pour le poste de numéro 10. Un rôle de milieu offensif et de meneur de jeu à la fois. Ces derniers temps, le coach le mettait plutôt sur le flanc gauche, à la place de Bébert, alors qu'il préférait mon emploi. En se ralliant au camp du président, il escomptait, j'en étais sûr, gagner ses bonnes grâces et faire pencher la balance en sa faveur. Il fallait que je me tienne dorénavant sur mes gardes. Je n'aimais pas ça.

En attendant, le président avait retrouvé son sourire :

— Merci, Julien ! Je suppose que tu t'exprimes au nom de l'ensemble de tes camarades. Je ne doutais pas de votre réaction. Bravo ! Continuez sur cette voie.

Sur ces entrefaites, il a quitté la pièce, suivi de ses courtisans... Euh, pardon, je voulais dire des référents.

La folle ambiance avait fait long feu. Noyée dans l'eau des douches. Je lorgnais

Julien d'un œil noir. Et je n'étais pas le seul. Il s'en est aperçu :

— Ben quoi ? Qu'est-ce que vous avez à me regarder comme ça ? Vous voulez un autographe ?

Gus m'a coupé l'herbe sous le pied :

— Pouah ! Sans façon. J'hésite entre te refaire le portrait ou te casser une jambe.

Gus. Toujours aussi violent. Et pas seulement en paroles – il a déjà montré qu'il est capable de passer à l'acte. Je ne pouvais pas laisser dire des horreurs pareilles sans intervenir. Cette fois-ci, c'est Joe qui m'a devancé :

— Calmos, Gus. Tu cherches encore à t'attirer des ennuis ?

— Quoi ? s'est énervé Gus. Tu prends la défense de ce... de ce...

— Rien de tel. Je veux juste que t'arrêtes de vouloir tout régler à l'aide de tes poings.

— Pfff. Espèce de poule mouillée !

Là, Gus poussait un peu loin le bouchon. Joe avait beau être la sagesse incarnée, il ne fallait pas trop le chatouiller. Le volcan Joe est entré en éruption et a fondu sur

Gus. Mais Gus est rapide, vif et précis. Dans un stade comme dans les affaires privées. Il a esquivé la charge, on aurait cru un torero. Puis il a attrapé son sac de sport et a pris la poudre d'escampette.

Du coup, tout le monde avait oublié Julien. Chacun a fini de ranger ses affaires et a quitté les lieux. Dans un silence pesant qui en disait long sur le moral des troupes. Alors que nous avions gagné le match, nous faisions une tête d'enterrement !

En regagnant nos chambres, nous sommes passés devant Mme Yvonne qui, forcément, y perdait son latin :

— Je n'ai pourtant pas eu la berlue... Je vous ai bien vus marquer deux buts ? Hurler à la victoire en sortant du terrain ?

Elle essayait de nous retenir, mais nous n'avions qu'un objectif en tête : nous écrouler sur nos lits. Profiter d'un moment de répit pour restaurer nos forces. Elle m'a saisi par le bras :

— Martin, attends que je devine... Vous vous êtes chamaillés, c'est cela ?

Pourquoi s'acharnait-elle sur moi ? J'ai tenté de me dégager. Elle a resserré son étreinte. Je me suis fâché :

— S'il vous plaît, laissez-moi !

Elle m'a aussitôt relâché pour reprendre l'air triste qui ne la quittait plus depuis le départ de monsieur Raymond. Je m'en voulais d'avoir été si brutal. Elle s'est mise à se lamenter :

— Mais dans quel monde vivons-nous ? Qu'ai-je fait pour que tu me traites avec une telle dureté ?

Excédé par ses jérémiades, je me suis retourné :

— Non seulement on s'est disputés, mais en plus le président nous a promis du O.S.E. à gogo. Voilà, vous êtes contente ?

Elle était sous le choc.

— Je n'arrive pas à y croire ! Mes pauvres enfants... Qu'allez-vous devenir ? s'est-elle écriée, bouleversée.

Tout de même, elle exagérait. Bon, d'accord, je détestais le système O.S.E. mais il ne nous mettait pas en danger. Au contraire, on nous auscultait sous toutes les coutures afin de nous maintenir en permanence au top de notre forme. Je me sentais bichonné à la manière d'un cheval de course. Un pur-sang !

— Ne vous inquiétez pas, l'ai-je rassurée. Ce n'est qu'un mauvais moment à passer.

— Tu parles ! C'est la guerre, tu veux dire ! Comme cette soi-disant diététicienne qui s'obstine à me casser les pieds. Si elle continue, je vais les lui faire avaler, ses conseils débiles. Bouchée après bouchée. Elle verra s'ils sont si digestes qu'elle le prétend...

J'en avais assez entendu. Sa colère n'avait plus de bornes. Je n'étais pas de taille à lui venir en aide. J'ai filé comme un voleur, direction ma chambre. Enfin, j'allais pouvoir retrouver mon havre de paix, m'enfouir la tête sous l'oreiller, me rendre en quelque sorte invisible, puis m'évader vers le paradis des dormeurs...

Rêve toujours, Martin ! Mon éden était envahi. J'ai eu l'impression que l'équipe entière s'y était donné rendez-vous. Et tout ce petit monde braillait, gesticulait, tempêtait à qui mieux mieux.

J'avais débarqué en pleine querelle : pour ou contre O.S.E. ?

J'ai vite repéré les deux camps. D'un côté, les pour : Julien, Luis, Félix, Damien, Stéphane. En gros, les remplaçants d'hier qui s'imaginaient déjà titulaires grâce au nouveau système. Ils avaient tout à gagner en s'investissant dans cette aventure. De l'autre, le reste du groupe, ceux qui risquaient leur place s'ils ne plaisaient pas à nos référents.

C'était chaud, très chaud. Les injures volaient bas. Je me sentais perdu, et surtout fatigué. Trop de bruit, trop d'énergie gaspillée. Même si j'avais choisi mon camp : jamais je ne m'habituerais à O.S.E.

Au bout d'un moment, Fabrice a réclamé le silence pour prendre la parole. Je devinais qu'il allait nous pousser à la révolte. Je m'en réjouissais d'avance.

— Écoutez, a-t-il commencé, cette situation n'a que trop duré.

Tout le monde est tombé d'accord.

— Nous disputer ne nous mènera nulle part.

Nouveau murmure d'approbation.

— Nous allons adopter une position commune.

Chacun a hoché la tête. Qu'allait-il sortir de son chapeau ? Une grève ? Une manifestation ? Une pétition ? En tout cas, grâce à Fabrice, nos dirigeants allaient entendre notre son de cloche...

— Voilà ce que je vous propose. Inutile d'être pour ou contre O.S.E. Une seule solution : s'adapter.

Hein ? Je n'en croyais pas mes oreilles. Autour de moi régnait la même stupéfaction.

Édouard a perdu son sang-froid. Il a enragé :

— S'adapter... Tu veux dire faire ami-ami avec l'ennemi ? Tu plaisantes ?

— Non, Édouard, je suis très sérieux. Oui, c'était mieux avant, avec monsieur Raymond. Mais nous n'allons pas passer notre vie à espérer son retour. Le président n'a pas l'intention de renoncer à O.S.E. Par conséquent, autant s'adapter. Se donner à fond dans le nouveau système. Et attendre les résultats.

J'étais groggy. Sans voix. À quel jeu dangereux jouait donc Fabrice ?

9
Le traître

Grognant et ronchonnant, les camarades ont abandonné la discussion et quitté les lieux. Bientôt, nous nous sommes retrouvés entre nous : Fabrice, Nadir, Joe et moi. Chacun ruminait dans son coin la proposition de Fabrice.

J'étais bombardé de sentiments contradictoires. Ma première réaction avait été l'incompréhension : quelle mouche avait donc piqué mon ami ? Pourquoi nous poignardait-il dans le dos ?

Petit à petit, une autre pensée a commencé à faire son chemin. Il était impossible que Fabrice soit un traître.

Impossible. Il fallait plutôt l'écouter : après tout, peut-être avait-il raison...

Nadir a soudain brisé le silence, en soupirant bruyamment :

— J'arrive pas à te suivre ! Tu nous demandes de nous transformer en moutons ! Tu te rends compte ?

Fabrice a secoué la tête :

— J'ai jamais dit ça ! Tu joues les idiots ou tu l'es vraiment ?

Nadir s'est relevé d'un bond, menaçant :

— Tu me parles pas comme ça, OK ? Ou je te...

Fabrice s'est aussitôt dressé, prêt à la riposte. En un éclair, Joe s'est interposé :

— Calmez-vous ! On peut causer sans se disputer, non ?

— J'espère bien, a marmonné Fabrice en se rasseyant. Nadir, tu connais quand même un peu le monde du football ! Tu t'imagines toujours d'accord avec les méthodes de tes entraîneurs ou les choix des dirigeants ? Et si on t'impose un partenaire qui te plaît pas, tu fais quoi ?

— Je me tire, voilà ce que je fais !

— Attends, mec ! Tu sais ce que c'est,

un contrat ? T'en auras signé un que tu devras respecter. C'est pareil pour tous les sportifs de haut niveau. Même les plus grandes stars du ballon rond doivent obéir à des règles.

Nadir a bombé le torse.

— Moi, je ne mange pas de ce pain-là ! Je suis libre.

— À ta guise, sauf que le jour où tu boucleras tes valises sans prévenir, tu pourras dire adieu à ta carrière de professionnel. Ma main à couper que tu ne retrouveras pas d'autre club ! Le monde du foot déteste les vedettes capricieuses.

Nadir n'a pas pipé mot. Fabrice avait touché juste. Ravi de sa victoire, il a insisté :

— Ho, Nadir, je te parle ! C'est ça, ton rêve de liberté ?

Nadir s'est levé, vexé ou malheureux, et s'est dirigé vers la salle de bains.

— T'es fier de toi ? a lancé Joe à l'adresse de Fabrice sur un ton de reproche.

— Il n'avait qu'à pas me chercher !

— Bien sûr, bien sûr... T'es le grand chef

et tout le monde doit se mettre à genoux devant toi...

Fabrice a haussé les épaules et a tourné le dos. Il s'est mis à farfouiller dans ses affaires. Je voyais bien que c'était du cinéma : le pyjama qu'il faisait mine de chercher était sous son oreiller. Il était fâché, mais refusait de l'avouer.

Au bout d'une minute de ce manège, il a brusquement fait volte-face et s'est approché de Joe :

— Oh, bon, t'as gagné, je vais aller me réconcilier avec Nadir ! T'es content ?

Et, sans plus attendre, il a filé à son tour vers les douches.

Joe m'a pris à témoin :

— Tu crois que j'ai été trop dur avec lui ?

— Non, non. D'ailleurs, tu as vu le résultat. Je suis persuadé qu'ils vont conclure la paix.

— Je l'espère. J'aurai l'air malin s'ils se bagarrent.

— Ne raconte pas n'importe quoi. Fabrice est une crème et Nadir...

— Oui, je sais : Nadir se calme aussi vite qu'il s'emporte.

Des bruits de pas ont résonné dans le couloir. Nos copains étaient-ils déjà de retour ? Surprise : c'était Mme Yvonne, une enveloppe à la main. Elle a balayé la pièce du regard :

— Fabrice n'est pas là ?

— Il ne va pas tarder, a répondu Joe. C'est pour quoi ?

— Il avait une lettre au courrier ce matin. J'ai oublié de la lui remettre. J'ai la tête comme une passoire, ces derniers temps. C'est fou, chaque jour je perds un peu plus les pédales. Ne vous y trompez pas – j'ai beau paraître solide, je ne vais pas tarder à m'effondrer.

Décidément, Mme Yvonne en rajoutait dans le style Miss Catastrophe. J'ai jeté à Joe un clin d'œil complice, histoire de vérifier qu'il s'amusait aussi. Puis j'ai tendu le bras en direction de Mme Yvonne :

— Confiez-la-moi. Je la donnerai à Fabrice dès qu'il reviendra.

— Je ne sais pas si je peux...

Avec gentillesse mais fermeté, j'ai attrapé

la lettre. Mme Yvonne a tressailli. J'ai craint un instant qu'elle ne se rebiffe. Elle s'est contentée de bredouiller :

— Bon, c'est d'accord. Je compte sur toi... Bonne nuit, les enfants...

Normalement, j'aurais dû à mon tour lui souhaiter de doux rêves. Mais je ne pouvais plus parler. Je ne respirais plus. Mon cœur avait cessé de battre dès l'instant où j'avais saisi l'enveloppe.

Je venais de reconnaître l'écriture de Sarah.

Sarah écrivait à Fabrice.

Qu'avait-elle de si important à lui dire ?

Pourquoi ne m'avait-elle pas écrit à moi ?

J'ai essayé de me raisonner. Il y avait sans doute une explication très simple.

J'en imaginais une, terrible : Sarah déclarait son amour à Fabrice.

La tête me tournait. Les jambes flageolantes, je me suis écroulé sur mon lit.

Au même moment, Fabrice a fait son apparition, bras dessus, bras dessous avec Nadir. Deux larrons en foire. Bonne nouvelle.

J'avais une mission.

— Tiens, Fabrice, Mme Yvonne m'a laissé ceci pour toi.

— Une lettre ? Ah, c'est pas banal. Personne ne m'écrit jamais. De qui cela peut-il être ?

Sans tarder, il a décacheté l'enveloppe qui contenait deux feuilles d'un joli papier rose. Nadir ne l'a pas raté :

— Que c'est mignon ! Monsieur doit avoir une fan quelque part... Tu nous avais caché ça !

Pendant ce temps, Fabrice tournait les feuilles en tous sens pour en découvrir l'auteur. Il s'est écrié :

— Martin, regarde ! C'est signé Sarah !

J'ai eu un petit sourire agacé. Fabrice en a déduit que je ne le croyais pas. Il m'a fourré la lettre sous le nez en s'exclamant :

— Mais si, je t'assure ! Vérifie par toi-même !

Je n'avais qu'une envie : déchirer cette horreur. Je me découvrais d'une jalousie féroce ! D'un autre côté, j'aurais tellement voulu connaître le contenu de la lettre. À son insu, Nadir a volé à mon secours.

— Et qu'est-ce qu'elle raconte de beau, ton amoureuse ?

Fabrice ne s'est pas fait prier. Il s'est mis à lire à haute voix.

Mon chéri...

« Mon chéri » ? C'était déjà plus que je ne pouvais supporter. Fabrice aurait voulu me torturer qu'il ne s'y serait pas pris autrement. Je me suis levé pour me précipiter aux toilettes. Mon cœur avait repris vie : il battait à présent à tout rompre.

« Mon chéri »... Sarah appelait Fabrice « mon chéri »... Quelle injustice ! Pour moi qui l'aimais en secret, jamais elle n'avait utilisé ces mots d'amour... Fabrice et Sarah... Faut-il se méfier de ses meilleurs amis ?... J'avais mal... La boule était revenue dans mon ventre...

Je me suis attardé aux toilettes, peu pressé de replonger dans mon cauchemar. À mon retour dans la chambre, les trois autres étaient couchés, lumières éteintes. Tant mieux. Seule ma lampe de chevet était allumée. Faut-il le préciser ? Je n'ai pas réussi à fermer l'œil de la nuit.

Le lendemain matin, j'avais pris une résolution : quitter La Charmille, si possible avant la fin de l'année. Les nouvelles méthodes ne me plaisaient pas, et pire : mon ami m'avait trahi. Pourquoi rester ?

Je ne connaissais qu'un seul moyen de partir : être recruté par un grand club. Et j'avais une piste : Szczaminski. Il n'était même pas encore 8 heures quand j'ai frappé à la porte du bureau de Sandrine pour lui demander l'autorisation de téléphoner. Par bonheur, elle était déjà à son poste, toute disposée à me rendre service.

Szczaminski était à l'autre bout du fil. La chance me souriait. Je me suis présenté.

— Bonjour, c'est Martin Leroy, de La Charmille. Ça fait un moment que j'essaie de vous joindre. Je suis content de vous avoir.

Il a eu l'air extrêmement surpris :

— Un moment... ? Mais tu m'as téléphoné il y a trois jours ! J'ai d'ailleurs trouvé que tu avais une voix drôlement jeune.

— Moi, je vous ai appelé ?!

— Oui, on a longuement discuté de mon offre pour l'Italie. Tu m'as annoncé que tu n'étais pas intéressé. J'en ai sorti, des arguments, pour te convaincre... En pure perte. Tu es une vraie tête de mule !

— Mais...

— Tu as du nouveau, c'est ça ? Tu as réfléchi et changé d'avis ?

Cette fois-ci, je ne me suis pas évanoui, mais il s'en est fallu de peu. Pris de panique, j'ai raccroché au nez de Szczaminski.

Une question me taraudait : qui avait bien pu se faire passer pour moi auprès du recruteur ? Qui avait inventé le mensonge de mon refus ? Et la réponse s'est imposée à moi : Fabrice. Au Centre, lui seul était au courant de mon contact. Il ne lui suffisait donc pas de me voler Sarah, il voulait également ruiner mes débuts de footballeur professionnel !

Ce faux frère m'avait trahi deux fois. Mon soi-disant ami était mon pire ennemi. Il allait me le payer cher...

10
Des coups et des larmes

Ah ! On peut dire que Fabrice avait bien caché son jeu jusque-là. Lui qui me parlait toujours de solidarité, d'entraide, de camaraderie n'était donc qu'un fieffé menteur. Un comédien chevronné. Et moi qui lui accordais une confiance aveugle ! Pauvre naïf que j'étais !

J'aurais volontiers évité de croiser ce traître, mais j'étais bien obligé de rejoindre les autres en classe. Et de m'asseoir à côté de lui !

Je me suis glissé avec discrétion sur ma chaise. Il s'est tourné vers moi :

— Ben, Martin, où est-ce que tu étais

passé ? La prof m'a demandé de tes nouvelles et j'ai été obligé d'inventer un gros bobard. J'ai raconté que t'étais convoqué à l'infirmerie pour un vaccin.

J'étais incapable de lui répondre. Je serrais les dents si fort que j'entendais mes mâchoires grincer. Fabrice ne s'est pas rendu compte de mon trouble. Il a même souri :

— Tu es devenu muet ? Je m'attendais à des félicitations pour ma trouvaille...

Les mains moites et fébriles, je cherchais désespérément à ouvrir mon classeur à la bonne page. Fabrice a fini par tiquer :

— Mais... Tu trembles ? Y a un problème ?

— Non... Non... T'inquiète !

J'avais dû parler trop fort. Mme Boulanger ne m'a pas loupé :

— Bravo, Martin ! Non seulement tu es en retard mais en plus tu te fais remarquer. Bel exploit !

J'ai piqué du nez sur ma table. Je sentais sur moi les regards des copains. Ils devaient être morts de rire. Moi, je les détestais. Tous.

La prof a repris :

— Tu diras à ton voisin de concocter des mensonges un peu plus subtils. L'excuse de l'infirmerie, j'ai dû l'avaler au moins cent fois durant ma carrière...

Fabrice s'est défendu :

— Mais, madame...

Mme Boulanger s'amusait, c'était évident :

— Laisse, Fabrice. On ne va pas en faire une montagne. Où en étions-nous ?... Ah oui, au « Dormeur du val » d'Arthur Rimbaud. Et si nous demandions à notre retardataire de réciter ce merveilleux poème ?

Qui ? Moi ? Oh non, je l'avais complètement oublié. La tuile.

— Allez, lève-toi ! a exigé la prof.

Je me suis redressé au ralenti, avec l'enthousiasme d'un condamné à mort. Il me fallait passer aux aveux :

— Je ne l'ai pas appris, madame...

Confesser à sa prof de français qu'on n'a pas étudié son poème préféré, c'est comme demander à un footballeur de jouer sans crampons : super casse-gueule. J'étais persuadé que j'allais en prendre pour mon grade.

Eh bien, non. Elle m'a juste viré de son cours. C'était encore ce qui pouvait m'arriver de mieux. Au moins, j'étais séparé pour quelque temps de l'affreux Fabrice.

Une fois dehors, je me suis assis sur la première marche de l'escalier. Du bout du pied, je me suis mis à pousser les gravillons. Je me sentais vide, sans énergie. J'aurais dû aller faire ma valise, et décamper... Mais je n'en trouvais même pas la force.

— Tu n'es pas en français ?

La voix de Sandrine. Perdu dans mes sombres pensées, je ne l'avais pas entendue venir. Elle s'est installée à côté de moi et a sorti un paquet de cigarettes.

— Vous fumez ? me suis-je étonné.

— Depuis toujours. En cachette de monsieur Raymond. Il ne l'aurait pas toléré. Maintenant qu'il est parti, je suis un peu plus libre. Tu en veux une ?

— Non, merci. Ce n'est pas vraiment conseillé pour un sportif.

— Oh ! Ce n'est bon pour personne.

— Pourquoi vous n'arrêtez pas, alors ?

— Si je ne fume pas, je me ronge les ongles. Et ça, c'est la cata !

J'ai observé ses ongles. Deux centimètres de long. Tous peints d'une couleur différente. Comme les aiguilles à tricoter qui retenaient son incroyable coiffure. Du grand art. Elle méritait bien son surnom de Coquette. J'ai esquissé un sourire.

— Moque-toi, va ! C'est mon style, je ne vais pas en changer aujourd'hui. Il vaut mieux avoir une allure voyante qu'être invisible aux yeux des autres, tu ne penses pas ?

— Aucune idée.

— Regarde les stars du foot. Tu crois qu'on ne les aime que pour leurs qualités techniques ? Et Beckham ! Il change de coupe de cheveux tous les trois mois. Si ce n'est pas pour se faire remarquer...

— Au fait...

— Quoi ?

Je voulais lui parler de Fabrice. J'étais toujours submergé par la colère, je brûlais de me venger de mon ex-meilleur ami. En même temps, je devinais que ce n'était pas la solution. Comment garder la tête froide quand on a le cœur brisé ? Sandrine aurait peut-être pu m'éclairer mais... le pire s'est produit.

Fabrice est apparu devant moi, plus rigolard que jamais. Le cours de Mme Boulanger était donc terminé. Il s'est exclamé :

— Alors, les amoureux, on se fait guiliguili ?

Je ne sais pas ce qui m'a pris. Ou plutôt, si. J'ai pété les plombs, aussi bête que cela. Je me suis jeté sur Fabrice et nous avons roulé ensemble jusqu'au bas de l'escalier. Il a voulu se dégager, mais je ne l'ai pas lâché. Je le frappais de toutes mes forces. Il hurlait, tentant de me rendre coup pour coup. J'étais devenu insensible à la douleur. Sandrine criait, suppliait qu'on vienne nous séparer.

Soudain, on m'a soulevé de terre et tiré en arrière. Je me suis débattu mais ils étaient trop nombreux, au moins trois.

Je hurlais :

— Lâchez-moi ! Laissez-moi faire la peau de ce...

Mais on me tenait d'une poigne ferme.

Je crachais, je fulminais, tandis que Fabrice se relevait péniblement en s'époussetant.

— Calme-toi, Martin ! m'a ordonné Joe.

À mes yeux, un ordre de Joe était sacré. Dans la seconde, je me suis effondré. Comme aspiré par la honte. Je me suis retrouvé au sol. Pour autant, mes gardiens ne me libéraient pas. J'ai repris peu à peu mes esprits :

— C'est bon, les gars...

— Promis ? m'a demandé Nadir.

— Juré.

Au-dessus de moi, j'ai distingué la silhouette de Fabrice :

— Martin... mais pourquoi ?

Il n'avait même pas l'air énervé. Malheureux, oui. Étrange. Mais je devais me méfier. C'était peut-être encore une manœuvre pour me piéger.

Je ne voulais pas lui répondre. Impossible. Je ne pouvais que m'enfuir. Disparaître. Alors j'ai pris mes jambes à mon cou et j'ai filé n'importe où, mais loin, loin, loin.

Au fin fond du parc.

J'ai couru à perdre haleine. Et j'ai fini

par m'écrouler contre un arbre où j'ai peu à peu repris mon souffle.

— Tu ne t'en tireras pas comme ça, Martin. Je veux une explication. J'y ai droit.

Fabrice n'était pas mauvais à la course. Il m'avait suivi et rattrapé. Je n'avais le cœur à rien, surtout pas à lui parler. J'ai eu une petite pensée pour Sarah. Elle, elle aurait su comment réagir. Mais Sarah n'était pas là. Et elle aimait l'autre.

Je me sentais tellement seul.

J'avais envie que Fabrice me laisse tranquille. Rêve toujours ! Il s'est mis à me secouer :

— Allons, Martin ! Je ne sais pas quelle mouche t'a piqué, mais il y a quelque chose chez toi qui ne tourne pas rond.

J'aurais dû crever l'abcès, mais j'avais perdu le sens des mots. J'avais froid. J'ai serré les bras autour de mon corps.

Fabrice a insisté :

— Martin, quoi qu'il se soit passé, je suis et je resterai toujours ton ami. Tu peux me faire confiance...

Et j'ai craqué. D'un coup. Des larmes sont apparues au coin de mes yeux. Des dizaines de larmes, des flots de larmes, des sanglots. Il me semblait que je ne pourrais plus jamais m'arrêter de pleurer.

Fabrice s'est accroupi près de moi. De la main, il m'a relevé le menton, m'obligeant à le regarder en face.

Dans mon ventre, la boule avait disparu. J'ai senti que les mots revenaient. L'heure de l'explication avait sonné.

11
La résistance

Je n'avais pas prononcé trois phrases que Fabrice s'était déjà écroulé. De stupeur. Il était assis dans l'herbe, bouche bée. Il donnait l'impression de tout découvrir. Son brouillon à Sarah, la lettre d'amour de Sarah, le coup de téléphone à Szczaminski, l'ami devenu le traître.

Un long silence a suivi la fin de mon récit. J'avais vidé mon sac. Fabrice, lui, devait être en train de digérer ce qu'il venait d'apprendre.

Au bout d'un moment, il a articulé avec difficulté :

— Et... tu... as... vraiment... pensé... que je t'avais trahi ?... Deux fois, même. Moi, ton compagnon depuis trois ans ?

Je ne savais plus quoi penser. Il avait l'air si sincère. S'il mentait, il était rudement fort. On lui aurait donné le bon Dieu sans confession.

Je voulais aller au bout de la vérité :

— Si j'ai tort, prouve-le-moi.

Il a pris une grande inspiration et il s'est lancé, démontant mes arguments un à un. Son brouillon ? Il ne l'avait pas envoyé. Oui, il en pinçait pour ma copine, sans pour autant perdre la tête pour elle. La lettre de Sarah ? Je n'avais écouté que les deux premiers mots et j'étais parti. Elle écrivait « Mon chéri » pour rire. Les fameuses blagues vaseuses de Sarah... L'affaire Szczaminski ? Alors là, c'était le grand mystère.

— En tout cas, je te jure que ce n'est pas moi, m'a affirmé Fabrice. Jamais je n'aurais osé monter un coup pareil.

— Qui d'autre ? Tu étais le seul au courant de mon contact.

— Attends... Et si... ?

— Quoi ?

— Oui, mais ce serait odieux d'accuser sans preuves.

— Dis toujours.

— Thomas. Ton petit frère.

J'ai d'abord rejeté cette piste. Impossible. Puis un détail m'est revenu en mémoire. Une phrase de Szczaminski : « J'ai d'ailleurs trouvé que tu avais une voix drôlement jeune. » Une voix drôlement jeune... La voix d'un gamin. Celle de Thomas.

Fabrice était parvenu à la même conclusion que moi :

— Tu te souviens de l'incident chez toi ? Quand Thomas a oublié le papier où il avait noté les coordonnées de l'agent. Il voulait une récompense et il n'a rien obtenu.

— Ça l'a rendu fou furieux.

— En téléphonant à Szczaminski, il a cherché à se venger.

— La petite crapule...

— Il ne faut pas trop lui en vouloir. Il a dû croire que tu étais le chouchou de ta mère. Il n'a pas supporté.

— N'importe quoi !

— Ce n'est pas à toi que je vais apprendre qu'on a tôt fait de se monter la tête...

À ces mots, Fabrice m'a décoché un sourire éloquent. J'ai reçu sa remarque en pleine figure. En effet, j'étais mal placé pour faire la leçon à Thomas. Moi aussi, je m'étais inventé un gros délire concernant Fabrice.

Il était temps de remettre les compteurs à zéro :

— Tu... Tu ne m'en veux plus ?

— Imbécile ! Je ne t'en ai jamais voulu. Je désirais comprendre, c'est tout.

Il m'a tendu la main :

— Ami ?

C'était le monde à l'envers ! J'avais déclaré la guerre et c'est lui qui m'offrait le calumet de la paix. Quel bonhomme formidable. Comment avais-je pu douter de lui ?

À mon tour, je lui ai serré la main, fort :

— Ami.

Je ne l'ai plus lâché. Je me suis relevé et je l'ai aidé à en faire de même. Je cherchais à mettre dans ma poignée de main toute l'amitié que je ressentais pour lui.

Fabrice m'a fait redescendre sur terre :

— Je crois qu'on a intérêt à ne pas trop traîner. La séance de tactique a dû commencer. Leloup va nous tuer...

Mais il n'y avait personne dans la salle de réunions. Nous avons retrouvé les copains au sous-sol, en gym. Dominique Pierretard les faisait suer sang et eau. L'ambiance semblait lourde. C'était surprenant. D'habitude, en muscu, il s'en trouvait toujours un pour sortir une vanne.

En nous voyant arriver, Dominique s'est approché :

— J'ai appris ce qui s'était passé entre vous deux. Vous semblez réconciliés, c'est bien. Je ne veux pas en savoir davantage. Au travail, à présent, nous n'avons pas une minute à perdre. Ordre de la direction !

Ordre de la direction ? Qu'avait encore inventé notre président ? Rien de réjouissant si l'on en jugeait par la mine de nos camarades.

Les consignes de Dominique ont rapidement éclairé ma lanterne. Il mettait une pression de feu ! Les séances de préparation physique avaient été doublées ! Ça changeait tout. Avant, la muscu était l'occasion de nous mesurer. De nous lancer des défis. On adorait y aller. Là, ça ressemblait au bagne. À la punition collective.

À midi, nous sommes sortis de cette épreuve en rampant. Et encore, nous ne savions pas tout. Joe s'est chargé de nous achever :

— Ils ont décidé d'augmenter toutes les cadences d'entraînement. Ils ne nous trouvent pas assez mordants sur le terrain. Et pas de quartier : ceux qui n'atteindront pas les nouveaux objectifs seront exclus de La Charmille sans états d'âme.

— On s'en fiche, l'année est presque terminée, ai-je ricané.

— Tu parles ! Pour trouver un club de haut niveau, ce n'est pas idéal de s'être fait virer de son centre de formation.

— Hmm, t'as peut-être raison...

Après les émotions et les efforts de la matinée, j'ai failli m'endormir à plusieurs reprises durant le déjeuner. Et pas moyen de piquer une petite sieste. Julien a proposé qu'on se retrouve tous dans sa chambre après manger. Julien ? L'un des plus favorables au système O.S.E. ? Bizarre...

Quinze adolescents fatigués se sont donc réunis en se demandant ce que leur voulait le seizième. Julien n'y est pas allé par quatre chemins :

— Ça ne peut plus durer, s'est-il enflammé. Nous ne sommes pas des esclaves.

Il avait l'air très remonté. Contre la direction ? Serait-il passé dans notre camp ?

— D'accord, a-t-il continué, nos résultats ne sont pas super brillants. Je veux bien comprendre qu'on exige de nous des efforts. Vous vous souvenez que j'étais vraiment partant pour O.S.E. Mais là, je n'en peux plus. Il faut que ça change !

— Ouais, a enchaîné Drago, on en a marre.

— Plus que marre ! a renchéri Bébert.

En quelques secondes, le mécontentement a gagné l'ensemble des troupes. Il ne s'en est plus trouvé un seul pour défendre le nouveau système. Et Billy a posé la bonne question :

— Qu'est-ce qu'on fait, alors ?

Il y a eu un court silence avant que Stéphane ne risque la première suggestion :

— On exige le retour de monsieur Raymond ! Il était sévère mais lui, il ne nous traitait pas comme du bétail !

— Ils ne voudront jamais, l'a découragé Damien.

— On signe tous une pétition ! a proposé Édouard.

— Ça ne suffira pas, l'a refroidi Fabrice. Le président n'acceptera pas de revenir en arrière aussi facilement.

— On leur crève les pneus, aux référents ! s'est excité Gus.

Personne n'a pris la peine de lui répondre.

— Je sais ! s'est écrié Benoît. On écrit aux journaux pour se plaindre !

— Pourquoi pas à la télévision tant que tu y es ! s'est moqué Félix.

Bref, nous étions dans l'impasse. Nous nous regardions, hésitants, désorientés, perplexes. Jusqu'à ce que Joe nous propose le plus insensé, le plus incroyable, le plus dangereux des plans.

Et que nous l'acceptions.

12
Défaites à gogo

Deux semaines s'étaient écoulées depuis la réunion de notre cellule de crise. En apparence, la vie avait repris son cours normal à La Charmille. Nous suivions à la lettre les instructions de M. Genty. Sans faire de vagues. Zéro retard, zéro colère, zéro réclamation. Nous subissions en silence le rythme infernal qu'on nous imposait. Jamais je n'aurais imaginé que nos corps puissent encaisser pareils traitements.

Notre sérieux nous avait valu les félicitations du président :

— Bravo ! Pour être franc, vous m'épatez. J'ai eu l'occasion ces jours derniers de vous observer et je dois avouer que j'ai été agréablement surpris. Je pensais voir l'un ou l'autre traîner la patte mais vous mettez tous du cœur à l'ouvrage. Hélas, les résultats ne suivent pas...

Dans ce beau paysage, il y avait en effet une zone d'ombre. Un phénomène inexpliqué. Alors qu'à l'entraînement nous faisions des progrès étincelants, ces promesses ne se concrétisaient pas sur le terrain. Nous avions disputé trois rencontres... qui s'étaient transformées en autant de défaites. Nous étions désormais logés en queue de classement du championnat.

— Je ne comprends pas, se lamentait M. Genty. Jusqu'au coup d'envoi de chaque match, vous semblez en pleine forme. Affûtés, prêts à vous battre, motivés. Et puis, dès les premières passes, on sent que la machine ne tourne pas rond. C'est fou : dix buts encaissés en trois rencontres contre seulement deux marqués !

Pour tenter de renverser la vapeur, il avait testé de multiples combinaisons. Puisque Joe avait pris quatre buts contre Remicourt, il l'avait remplacé par Félix.

Qui avait à peine fait mieux les deux fois suivantes. J'avais également dû laisser ma place à Julien. Une fois n'est pas coutume, cela ne me gênait pas. Je savais que, de toute manière, avec ou sans moi, nous allions perdre.

Car, si surprenant que cela puisse paraître, je connaissais à l'avance l'issue de chaque match ! Je n'étais pourtant pas devenu voyant ou devin. Simplement, je savais que nous allions *faire exprès* de perdre.

C'était ça, le plan imaginé par Joe. Lors de la réunion secrète dans la chambre de Julien, nous avions conclu ce pacte incroyable pour des sportifs : perdre toutes nos rencontres afin de démontrer que le système O.S.E. ne valait pas tripette. Ainsi, pensions-nous, on en reviendrait aux bonnes vieilles méthodes de monsieur Raymond.

Attention ! Il ne faut pas croire que cette stratégie était facile à appliquer. Nos dirigeants ne devaient pas se douter qu'il y avait anguille sous roche. Nous devions faire semblant de nous donner au maximum. Nous avions décidé de jouer en dedans, sans exagérer. De dribbler un peu maladroitement. De tacler sans forcer. De tirer légèrement à côté. Pour les gardiens, de plonger sans trop s'étirer.

Pas évident.

La manœuvre a failli échouer quand M. Genty a surgi dans les vestiaires à l'issue de la rencontre contre Remicourt. Nous étions en train de fêter notre première... raclée. Ça rigolait, ça chantait, ça dansait. C'était le grand bonheur d'avoir roulé dans la farine le président et ses sbires.

Genty a écarquillé les yeux comme des soucoupes :

— Mais... vous voilà bien gais... Qu'est-ce qui...

Son irruption a fait l'effet d'une douche froide. Nous avons plongé la tête dans nos sacs de sport, histoire d'éviter son regard ou ses questions. Comment aurions-nous pu lui expliquer notre joie ?

Heureusement, Édouard a eu une étincelle de génie :

— Ah, monsieur ! Vous n'allez pas vous en tirer comme ça. À votre tour de souhaiter son anniversaire à... à... Martin.

Le moins que l'on puisse dire, c'est que je n'ai pas réagi au quart de tour. J'ai reculé d'étonnement, avant de me reprendre :

— Quoi ?... Euh, oui, bien sûr...

Par chance, Genty n'y a vu que du feu. Il m'a tapé sur l'épaule, vaguement penaud :

— Ben... désolé, Martin, je n'avais pas noté que nous étions le jour de ta naissance. Il faudra que je sois plus attentif dorénavant. Joyeux anniversaire, donc.

— Pas grave, monsieur. Merci quand même.

Je sentais couver un fou rire général. Il fallait le contenir. Les copains ne pouvaient pas se permettre d'exploser devant Genty. Mais que c'était dur de se retenir !

D'ailleurs, à peine a-t-il eu quitté la pièce que Bébert a éclaté de rire. Fabrice s'est aussitôt jeté sur lui pour le bâillonner de sa main.

— Imbécile ! l'a-t-il sermonné. Tu vas tout faire rater... Ça y est, t'es calmé ?

Bébert a hoché la tête, Fabrice a relâché son étreinte. L'incident était clos.

De jour en jour, nous sentions les référents plus tendus. Ils cherchaient la solution miracle pour nous remettre en selle. Les réunions de crise se succédaient. Nos plannings de préparation et d'entraînement évoluaient sans cesse. Le système O.S.E. avait du plomb dans l'aile. Nous l'espérions, en tout cas.

L'espoir est devenu une quasi-certitude quand Benoît a déboulé un soir dans la salle à manger.

— Hé, les gars, je viens d'apercevoir monsieur Raymond !

Le cri a été unanime :

— OÙ ÇA ?

Benoît a refréné son enthousiasme :

— Enfin... je crois que c'est lui que j'ai vu dans son bureau.

— Tu crois ou t'en es sûr ? s'est énervé Nadir.

— T'as qu'à aller vérifier toi-même.

Aussitôt dit, aussitôt fait. Nadir s'est précipité au rez-de-chaussée, pour en revenir au bout d'une petite minute, déçu.

— Y avait personne.

— Il vient peut-être de repartir, a suggéré Benoît.

— Mouais.

Nadir n'était pas convaincu. Monsieur Raymond était-il de retour ? Vrai ou faux ? N'empêche : Benoît avait lancé une drôle de nouvelle. Un truc qui refusait de s'effacer de nos têtes. Le signe que nous attendions. L'annonce que le cauchemar O.S.E. pourrait bientôt finir à la poubelle.

À partir de là, je ne sais pas ce qui nous a pris. Une espèce de folie. Je crois me souvenir que c'est Billy qui a eu l'idée :

— Et si nous montions la garde devant son bureau ? a-t-il lâché.

Le principe était simple : il s'agissait de se relayer devant la porte de monsieur Raymond pour ne pas rater sa réapparition. Pour être aux premières loges lors de son retour en grâce.

Mme Yvonne ne perdait pas une miette de notre conversation.

— Quand même, ne rêvez pas trop, nous a-t-elle avertis. Le président n'a pas encore dit son dernier mot. Rien ne permet d'affirmer que monsieur Raymond reviendra un jour à La Charmille. Mais, vous le savez, je suis de tout cœur avec vous.

Ah ça, je dois avouer que, sans Mme Yvonne, nous n'aurions peut-être pas gardé le moral. Dès le départ, nous l'avions mise au courant de notre stratégie : aligner les défaites. D'emblée, elle nous a soutenus. Elle haïssait le système O.S.E. encore plus que nous. Elle était prête à tout pour s'en débarrasser. Ainsi, elle s'évertuait à nous préparer des mets lourds au possible, difficiles à digérer. Des plats en sauce, gras à souhait. Des saucisses, des frites, des omelettes au lard, des gâteaux à la crème... Une façon comme une autre de nous aider à courir moins vite sur le terrain...

Je l'aimais pour cela, pour cette façon qu'elle avait de nous protéger contre vents et marées. Et, depuis quelques heures, je l'aimais encore davantage. Depuis qu'elle m'avait remis une lettre qui avait changé ma vie...

13
J'ai bien réfléchi...

Mon cher Martin,

Tu vas être à la fois surpris et soulagé de recevoir cette lettre. Surpris parce que nous ne nous écrivons pas souvent. Soulagé parce que tu vas comprendre que tu as eu tort d'être jaloux de Fabrice.

J'ai beaucoup hésité avant de prendre la plume. Avais-je tort ou raison de remuer des souvenirs douloureux pour toi ? Cependant, après mûre réflexion, j'ai décidé que je devais répondre à l'appel de Fabrice.

Oui, c'est ton ami qui m'a suppliée de t'écrire. Il y a quelques jours, il m'a téléphoné pour me raconter comment tu en étais arrivé à penser que nous étions amoureux, lui et moi. J'ai d'abord été prise d'un fou rire. Mais quand il m'a confié que vous vous étiez battus, j'ai perdu ma gaieté. Et je suis carrément devenue inquiète pour toi quand j'ai appris tes problèmes avec Thomas et avec le fameux Szczaminski.

Ta vie n'est pas rose actuellement. Ni pour aucun des élèves de La Charmille. Fabrice m'a expliqué le système O.S.E. Du matin au soir, tu as cette pression sur le dos. En plus de tes autres soucis.

Tu dois me trouver hyper sérieuse. Tu n'as pas l'habitude de me voir ainsi. Pas de panique ! La Sarah toujours de bonne humeur, toujours prête pour de nouvelles aventures n'est pas loin. La Sarah que tu apprécies. Que tu apprécies beaucoup. Que tu aimes ?

Car c'est de cela que je voulais te parler. Que sommes-nous l'un pour l'autre ? Des amis, à coup sûr. Des amoureux ? Je ne sais pas. La frontière est floue entre l'amitié et l'amour, surtout quand il s'agit d'une histoire entre un garçon et une fille. Il vaut peut-être mieux rester amis pour la vie qu'être amoureux quelques mois. Qu'en penses-tu ?

Je ne suis pas idiote. Bien des fois, j'ai

remarqué que tu restais avec moi plutôt qu'avec tes copains. Même quand ils te proposaient une partie de foot ou t'invitaient à découvrir un nouveau jeu sur leur console. Tu préférais aller avec moi au bord de la rivière, à ne rien faire qu'à suçoter des brins d'herbe ou à lancer des cailloux dans l'eau. Je gagnais toujours au nombre de ricochets. Ce qu'on a pu rigoler ! Ta pierre ne rebondissait même pas deux fois sur la surface de l'eau !

Dès que tu avais un problème, grave ou insignifiant, tu déboulais chez moi. Ou tu m'appelais. Presque au secours. Et j'accourais, aussitôt. Complices, nous l'étions dans les bons comme dans les mauvais moments.

Tu te souviens certainement de ce jour où j'ai débarqué à La Charmille pour te défendre. Tu n'étais pas titulaire dans l'équipe ; tu avais des ennuis avec l'affreux Gus. Tu ne m'as rien demandé, mais, sur un coup de tête, j'ai décidé de venir. J'ai mis un de ces bazars au Centre ! Pour toi, est-ce un bon ou un mauvais souvenir ?

Avec tout ça, j'ai un peu perdu le fil de ce que je voulais te dire... Ah oui, Fabrice. Il n'y a rien entre Fabrice et moi. Ou si peu. Autant qu'entre toi et moi. Je me sens à la fois un peu amoureuse et très amie de Fabrice. Comme de toi. Et je trouve que c'est bien comme cela. Je mets à égalité les deux meilleurs copains du monde. À nous trois, nous formons un trio de choc !

Profite bien de ces derniers mois avec Fabrice. C'est quelqu'un de formidable. Promets-moi une chose, Martin : ne doute plus jamais de lui. Il ne te fera jamais de mal, jamais de tort. Je pense que tu t'en rendras compte l'an prochain, quand vous serez séparés. Il te manquera. À moins que vous ne jouiez dans le même club. Mais les chances sont minces...

Je voulais te souhaiter bon courage. Dans moins de six mois, ton apprentissage à La Charmille sera terminé. Une brillante carrière de footballeur professionnel te tend les bras. Tu partiras loin, à l'étranger sûrement. Nous ne nous reverrons peut-être jamais. Tu feras ton chemin et moi le mien. Ou alors nous nous croiserons de temps à autre dans les rues du village et nous évoquerons nos jeux et nos bêtises.

J'ai apprécié chaque instant de ces jours

passés avec toi. Je ne regrette rien, sauf que ces temps heureux aient filé trop vite.

Je t'embrasse fort, fort, fort. Et encore plus fort.

Sarah.

14
Et le vainqueur est...

J'ai lu et relu la lettre de Sarah jusqu'à la connaître par cœur. Il me suffisait de toucher le papier pour que mon pouls s'emballe. Je l'ai bientôt donné à lire à Fabrice. Si je ne me trompe pas, une petite larme a germé au coin de son œil. Ému, il a mis du temps à réagir, en quelques mots :

— Une chic fille, vraiment.

Il n'y avait rien à ajouter, en effet. Sarah, mon ange. Sarah, ma lumière. Sarah, mon amie. Si je rêvais de ce qui allait m'arriver l'année prochaine, d'intégrer enfin l'effectif d'un club professionnel, je savais aussi que j'allais devoir quitter les deux personnes qui comptaient le plus pour moi : Sarah et Fabrice.

Comme le disait souvent monsieur Raymond :

— On laisse toujours quelque chose en partant. Mais ça ne signifie pas qu'il ne faille pas partir...

En parlant de monsieur Raymond, en voilà un qui restait profil bas. Nous avions beau, comme convenu, nous poster l'un après l'autre devant son bureau, il refusait obstinément de montrer le bout de son nez. Nous aurions pourtant eu besoin de lui. Et pas qu'un peu.

Le match le plus important de la saison était en effet annoncé pour la fin de la semaine. Nous devions rencontrer Lyon, le leader du championnat, et M. Genty nous avait annoncé que le gratin du monde du football serait présent. Des entraîneurs, des journalistes, des agents recruteurs. Là, mon sang n'a fait qu'un tour. Je n'ai pu m'empêcher de l'interrompre :

— Piotr Szczaminski aussi ?

— Oui, il m'a confirmé sa venue. Pourquoi me demandes-tu ça ?

J'ai rougi et balbutié :

— Oh, pour rien... Juste pour savoir...

Mais il ne m'a pas lâché :

— Tu voulais lui parler ? Ne fantasme pas, tu sais. Il ne s'intéresse qu'à la crème de la crème. C'est même très rare qu'il se déplace pour un match de cadets ou de juniors. Il doit convoiter quelqu'un, j'ignore qui.

Moi, je savais. Et quelques copains aussi. J'ai eu droit à une série de clins d'œil.

Pour moi, la présence de Szczaminski changeait tout. Plus question de mal jouer, de perdre exprès. Ce match, je voulais le gagner. Je devais le gagner. Mon avenir était en jeu.

Je m'en suis ouvert à Fabrice. Une fois encore, il m'a écouté et compris :

— Faut qu'on en discute tous ensemble.

En effet, c'était la meilleure solution. Dans cette affaire, nous devions rester unis. Il ne servirait à rien que je me donne à fond contre Lyon si les autres continuaient à s'économiser.

Nous nous sommes retrouvés un peu plus tard dans notre chambre. Je n'ai pas eu besoin d'un long discours pour les mettre dans ma poche. L'ensemble de la troupe partageait mon avis. Tant pis pour le retour de monsieur Raymond... Priorité était donnée au jeu. À nos qualités. Chacun voulait montrer à ces importants spectateurs de quoi il était capable.

Je respirais. Et j'étais remonté comme une pile. Rempli de l'énergie que je n'avais pas pu déployer lors des trois défaites. Szczaminski allait voir ce qu'il allait voir. On lui offrirait le grand jeu.

— Tout cela, c'est bien beau... mais j'ai l'impression que vous ne mesurez pas les conséquences de votre décision.

Mme Yvonne se tenait dans l'encoignure de la porte et nous observait d'un air sévère. Jamais encore elle n'avait pris part à nos discussions. Elle nous épiait certainement depuis le début. Quelque chose la chiffonnait. Pas besoin d'être sorcier pour deviner quoi.

— Vous voulez parler du système O.S.E. ? l'ai-je interpellée.

— Évidemment ! Si vous battez Lyon, ça signifie que O.S.E. commence à produire ses effets. Le président y trouvera la confirmation qu'il a fait le bon choix. Genty et ses collègues vont vous mettre à genoux. Et nous ne reverrons jamais monsieur Raymond.

Pour moi, cette menace n'avait plus aucun effet. Je me fichais d'O.S.E. Je me fichais de monsieur Raymond. Je voulais ensorceler Szczaminski. Mais j'ai lu l'hésitation sur le visage de plusieurs camarades. Ceux que les nouvelles méthodes d'entraînement épuisaient déjà... et qui redoutaient la suite.

— Ça donne à réfléchir... a marmonné Luis.

— Qu'est-ce qu'on fait, alors ? a questionné Stéphane.

— On vote ? a proposé Damien.

— Non ! s'est exclamé Fabrice. On cesse de se prendre pour des demi-portions. La partie contre Lyon est une occasion unique. Nous devons la saisir !

La discussion a tourné court. Plus personne ne savait à quoi s'en tenir. Jouer à fond comme Fabrice et moi le souhaitions ? Lever le pied comme Luis et

Mme Yvonne le voulaient ? La réunion s'est terminée en eau de boudin. Ça ne me disait rien qui vaille.

M. Leloup s'est rendu compte que quelque chose clochait. D'habitude, malgré la fatigue, ses séances sont très animées. Il nous expose les forces et les faiblesses de notre futur adversaire et nous dessine au tableau les schémas tactiques qui lui semblent les mieux adaptés. Et nous ne sommes jamais d'accord. Ni avec lui ni entre nous. C'est la foire d'empoigne. Quelquefois, nous le faisons enrager juste pour nous amuser.

Il était tout excité à l'idée de préparer avec nous le match contre Lyon. Nous, non. Il s'énervait dans un désert et il n'a pas tardé à le remarquer :

— Que se passe-t-il ? Vous êtes totalement apathiques. Vous avez mal dormi ?

Aucune réaction.

— Vous avez le trac, c'est ça ? Vous avez peur de mal faire ? De rater le match de l'année ?

Toujours rien. Il était perdu.

— Remuez-vous, bon sang ! Je ne sais

pas, moi... Allez-y, ce que vous voulez, mais prouvez-moi que vous êtes vivants !

Joe s'est levé le premier et, sans un mot, sans une explication, il a quitté la salle. Il a été suivi par Gus, Édouard, Félix, Drago, d'autres encore. M. Leloup gardait la bouche ouverte, plus un son n'en sortait. Nous n'étions plus qu'une poignée, les grands timides. La terre aurait tremblé, ç'aurait été moins incroyable que ce que je voyais. Et puis, je me suis dit que je ne pouvais pas me tenir à l'écart du mouvement. À mon tour, je suis parti. Deux minutes après, la pièce était vide.

Nous n'étions même pas joyeux de notre bonne farce. Joe n'était pas bien fier de son initiative. Il restait deux jours jusqu'au match. Deux journées qui se sont déroulées dans un calme étrange. Plus de crises de fou rire, pas de disputes. Des repas pris en silence. Le calme avant la tempête ?

Enfin, le jour J est arrivé. À 14 heures, nous étions convoqués dans les vestiaires pour la distribution des maillots. M. Genty nous y attendait... et il n'était pas seul.

Le président l'accompagnait. Il ne nous a pas laissé le temps de nous poser.

— Je vous dois des excuses, a-t-il commencé. Je me suis complètement fourvoyé et je le regrette.

J'étais stupéfait. Notre président s'excusait ? Mais de quoi ? Je demeurais sur mes gardes. Dieu sait quel coup fourré il avait encore inventé...

— M. Genty m'a ouvert les yeux. Il m'a expliqué que vous aviez perdu à dessein les trois dernières rencontres. Je n'ai d'abord pas voulu le croire, mais il a eu les arguments pour me convaincre.

— Oui, a enchaîné Genty. J'ai commencé à voir clair dans votre manège le jour de la défaite contre Remicourt. Le mensonge de l'anniversaire de Martin ne m'a pas trompé. J'ai vérifié sur ta fiche, Martin, ton jour de naissance est dans six mois ! Je me suis demandé ce qui pouvait vous rendre si heureux ce jour-là. Je vous ai observés et j'ai découvert que vous cherchiez à torpiller le système O.S.E.

— Il est venu m'en parler et nous avons réfléchi. Est-ce bien la peine de déployer une telle technologie, une science si pointue pour en arriver à ce piètre résultat ? Non. Je veux ce qu'il y a de meilleur pour vous. Pour vous faire gagner. Pas pour créer une révolte. À partir de là, j'avais deux solutions : soit je piquais la colère de l'année et je vous punissais tous. Mais ça n'aurait pas arrangé les résultats de l'équipe. Soit...

Il a interrompu sa phrase pour se diriger vers la porte des vestiaires. Il l'a ouverte et s'est penché vers l'extérieur en appelant :

— Venez !

Puis, se tournant vers nous :

— Soit j'admettais mon erreur et je tentais de la réparer. Voici comment...

Et là est apparu à côté de lui le plus grand, le plus beau, le plus utile des cadeaux. Monsieur Raymond en personne. Notre véritable entraîneur était de retour. Nous avions triomphé.

Son arrivée a déclenché une ovation formidable. Dans le vestiaire voisin, nos adversaires devaient se demander ce qui provoquait des cris pareils.

D'un imperceptible mouvement de la

main, monsieur Raymond a ramené le silence :

— Vous vous croyez où ? a-t-il bougonné. Au défilé du 14 Juillet ? Dans les tribunes d'un stade ? Ici, on se concentre, point final. Le prochain qui se livre à ce genre de démonstration restera sur le banc des remplaçants pour toute la durée du match !

Monsieur Raymond était de retour et il n'avait pas changé ! Toujours aussi grincheux, aussi ronchon, aussi rabat-joie. C'est ainsi que nous l'aimions. Nous étions prêts à lui obéir au doigt et à l'œil. À nous donner jusqu'au bout de nos forces.

Pour lui.

À présent, et grâce à lui, nous allions balayer n'importe quelle équipe. Même Lyon. J'avais hâte de prouver balle au pied ce que mes trois années à La Charmille m'avaient apporté. Szczaminski s'était déplacé pour moi. Il n'allait pas être déçu.

Et demain, il me ferait signer mon premier contrat professionnel...

Dans la collection

GAGNE!

1. En route pour la gloire
2. Deux places pour Martin
3. Martin hors jeu
4. Martin contre-attaque
5. Drôle de match !
6. À bas le nouveau !
7. Renvoyé !
8. Coup de blues !
9. Opération oxygène
10. L'enfer ou le paradis ?

Découvre vite

Aux Portes du Cauchemar™

1. **Ne m'oubliez pas !**
2. **Vestiaire n° 13**
3. **Le mal est en moi**
4. **Double menteur**
5. **Quand l'avenir est écrit**
6. **Créatures**
7. **Esprit, es-tu là ?**
8. **Moi, Ténébria**
9. **La colonie fantôme**
10. **La nuit des loups-garous**
11. **Panique au collège**
12. **Les envahisseurs**

Dans la collection

Rigolo

1. **Papelucho, drôle de zozo**, Marcela Paz
2. **Un troll dans mes croquettes**, Ursel Scheffler
3. **Lucie l'éclair**, Jeremy Strong
4. **Un samedi de dingue**, Arnaud Delloye
5. **Dakil, le Magnifique**, Marie-Sabine Roger
6. **L'épicerie en folie**, Fanny Joly

Drôle d'école !

7. **Qui a tagué Charlemagne ?**
8. **Les millionnaires de la récré**
9. **La directrice est amoureuse**
11. **Chaud, la neige !**
28. **Silence, on joue !**
36. **Remplacez le remplaçant !**
42. **Vous connaissez la nouvelle ?**

Fanny Joly

10. **Comment être super-belle ?**, Michel Amelin
12. **Plus menteur que moi... y a pas !**, Sophie Dieuaide
13. **La flûte de Simon pète les plombs !**, Freddy Woets
14. **Au secours, ma mère se remarie !**, Barbara Park

Un extraterrestre dans ma classe

15. **Super, Pleskit débarque !**
16. **La prof a rétréci !**
17. **Où est le cerveau de Grand-Père ?**
23. **Fou, fou d'amour !**
25. **J'ai transformé mon copain en zombie !**
29. **Jamais sans mon patmou !**
33. **Un extraterrestre de trop**
35. **Allô, la Terre ?**
38. **Un alien dans mon sac à dos**
40. **Les hamsters attaquent**

Bruce Coville

18. **Une frousse de dingue**, Arnaud Delloye
19. **Mon prof est un extraterrestre**
20. **Ciel ! Encore un prof extraterrestre**
21. **Mon prof s'allume dans le noir**
22. **Mon prof a bousillé la planète**

Bruce Coville

24. **La machine à mémoire**, Arthur Ténor
26. **Le book du foot**, Hugo Amelin
27. **Villa Mondésir**, Claude Carré
30. **Welcome, les dingues**, Arnaud Delloye
31. **Tonton Roberto**, Fanny Joly
32. **Le guide de la malpolitesse**, Michel Amelin
34. **C'est le Pompon !**, Fanny Joly
37. **Maman, tu es virée !**, Rachel Flynn
39. **Les baskets les plus puantes du monde**, Eve Bunting
41. **Cap ou pas cap ?**, Thomas Rockwell

Cet ouvrage a été composé par
PCA - 44400 REZE

Impression réalisée sur Presse Offset par

BRODARD & TAUPIN

GROUPE CPI

La Flèche (Sarthe), le 17-11-2004
N° d'impression : 25846

Dépôt légal : décembre 2004

Imprimé en France

POCKET jeunesse

12, avenue d'Italie • 75627 PARIS Cedex 13

Tél. : 01.44.16.05.00